AF294174

Le chat de Gepetto

Le grimoire des trois pépères

Ouvrage collectif

FSC
www.fsc.org
MIXTE
Papier issu
de sources
responsables
Paper from
responsible sources
FSC® C105338

Isaac ne va pas mieux

J'ai relu hier soir le tome 1 du grimoire des trois pépères dont nous avions débuté l'écriture en décembre 2018. Nous avions choisi d'intituler ce 1er opus *Isaac patraque*, titre hérité d'un poème de Philippe qui évoque la destruction de la planète par l'Homme moderne.

Quatre ans, c'était hier. C'était il y a une éternité aussi.

Pour situer l'époque, vue de France, décembre 2018 c'est par exemple,

- 14 mois après le début de l'affaire Weinstein qui a fait exploser le mouvement #MeToo dans le monde entier.
- 2 mois après l'éclosion du mouvement des gilets jaunes.
- Le moment de l'attentat du marché de Noël à Strasbourg.
- 3 mois avant le déclenchement d'un mouvement de grève illimité dans les services d'urgences hospitaliers.

- 1 an avant le déclenchement de la crise mondiale liée à la covid19.
- 19 mois avant la nomination de Jean Castex au poste de premier ministre en remplacement d'Edouard Philippe.
- 2 ans avant l'investiture de Joe Biden à la présidence des Etats-Unis.
- 2 ans aussi avant l'assaut du Capitole par des partisans de Donald Trump.
- 32 mois avant le dernier rapport du GIEC sur l'évolution du climat.
- 38 mois avant l'invasion de l'Ukraine par les troupes russes.
- 38 mois encore avant le dernier rapport du GIEC sur les conséquences des changements climatiques.
- 40 mois avant la réélection d'Emmanuel Macron à la présidence de la république.
- 42 mois avant le démarrage de la dernière canicule en Europe et de son cortège d'incendies ravageurs.

Nous sommes nombreux, à avoir ressenti, au cours de cette séquence, d'importantes perturbations dans nos conditions de vie.

A titre personnel, je peux affirmer sans grossir le trait que, depuis la publication d'*Isaac patraque*, je me suis senti challengé sur chacune des valeurs qui m'avaient jusque-là, permis de traverser l'existence. Challengé sur les plans affectif et émotionnel ; challengé dans ma vie amoureuse, dans ma vie familiale, dans mes amitiés, dans mon rapport aux autres, dans ma vie professionnelle aussi ; challengé sur ma compréhension des choses, challengé sur mes choix, sur mes habitudes, sur mes ambitions, sur mes croyances ; challengé sur mes repères philosophiques, sur mes orientations politiques et sur mon adhésion au modèle sociétal dans lequel j'évolue ; challengé enfin sur mes aptitudes intellectuelles, sur mes capacités physiques et sur ma santé mentale.

Un reboot total en quelque sorte. Et autant dire que la machine peine à redémarrer.

Je sens aujourd'hui venu le temps de me lancer à nouveau dans une expérience d'écriture collective.

J'ignore encore si Philippe et Thierry seront toujours tentés par l'aventure. Si ce devait être le cas, je leur proposerais, comme lors de notre premier galop, de ne respecter aucune règle préétablie, ni sur la forme, ni sur le fond de ce que nous pourrions faire éclore.

Peut-être inviteront-ils d'autres personnes à se joindre à nous. Peut-être que ces écrits seront diffusés sur un support différent du livre. Peut-être qu'ils feront vivre cette démarche sans moi. Et peut-être bien-sûr, que rien d'autre n'émergera après ces quelques lignes.

Tout est ouvert.

Ma soirée avec une chauve-souris

Philippe, le 14 septembre 2022

Me voilà installé à même pas 21h00 dans le dortoir collectif de l'écolieu du Langenberg.

Je suis seul.

Une lampe de chevet éclaire mon plumard, un drôle de bruit feutré de battements d'aile m'interpelle… Incroyable ! Une chauve-souris tourne dans la pièce ! Est-ce qu'elle cherche la sortie ? Est-ce qu'elle chasse ? Nul doute, notre proximité avec ces animaux sauvages n'a jamais été aussi forte ! Au secours, les zoonoses sortent du bois !!

Bien sûr, si on cherche qui s'est rapproché de qui, le procès est vite fait. Les bestioles n'ont jamais arrêté de fuir… qu'à cela ne tienne, la forêt la plus dense, le désert le plus aride, la fosse océanique la plus profonde, la montagne la plus austère… ne restera vierge. Tout, absolument tout sera violé par l'homme ! Et Mars est dans le viseur, prochain sur la liste des victimes … Piètre dieu de la guerre devant les fusées de SpaceX !

« Mais ce sont donc des ressources, mon bon monsieur ».

Mais je m'égare.

Tout cela n'explique pas pourquoi je suis déjà au pieu à 21h00, alors que je viens de débarquer à peine à 19h00 ici, dans cet écolieu que nous projetons peut-être de rejoindre avec mon amoureuse... En fait, nous avons pris un repas ensemble à quelques-uns, comme c'est l'habitude ici. Et Gaby, une des habitantes du lieu, m'a annoncé que je tombais un peu mal puisque ce soir il y avait une réunion « habitants ». La première du genre, si j'ai bien compris... La salle commune est grande, les gens sont en train de s'installer dans les canaps et fauteuils à l'autre bout de la pièce et je demande à Gaby si cela dérange que je reste dans la salle, à la table où nous venions de manger, en dehors du cercle bien entendu, puisque je ne suis pas habitant...

La réunion commence, les conversations privées se taisent progressivement, Miri prend la facilitation.

Pendant le tour d'introduction, Gaby relaie ma question et demande si cela gêne quelqu'un que je reste là... Pas vraiment de prise de parole, quelques murmures, pas non plus d'expressions franches dans un sens ou l'autre.

Un tout début de malaise semble émerger. Quelqu'un propose de voter. Quelqu'un d'autre dit qu'il n'a pas eu le temps d'y réfléchir… Un ange passe… ou était-ce aussi déjà la chauve-souris !?

Je sens que c'est le moment de changer de crèmerie, ce que j'annonce tranquillement. Personne ne me retient…

Petit coup de sang « intérieur ». De ceux qui, il y a vingt ans, à l'époque, encore plutôt extérieur, auraient pu me faire dire qq chose comme : « mais allez donc vous faire foutre ! » Ça ne vaut pas ça, évidemment ! Et ils ont bien le droit de poser leurs propres règles, chez eux. Aujourd'hui, j'observe l'émotion et m'en amuse un peu. Et cela me fait redescendre rapidement.

N'empêche, je m'interroge. C'est maintenant la 3ème ou 4ème fois que je suis ici, parfois plusieurs jours de suite et je ne peux toujours pas être présent lors de réunions !

Ailleurs, dans d'autres « lieux de ce genre » généralement les groupes proposent aux gens de passage de mettre la réunion « en bocal » : en clair les personnes qui ne font pas partie du groupe peuvent assister, mais non intervenir. Souvent on leur propose de dire quelques mots en début et/ou fin de réunion. La plupart des collectifs estiment que cela fait partie de la découverte du lieu, même souvent que c'est un moment central. Au même titre que de découvrir les bâtiments, la gestion, les personnes...

Et je partage ce point de vue ! Évidemment !

Pour moi, c'est crucial d'assister aux réunions avant tout autre engagement. Tant de choses sont impactées dans un groupe humain par ce que certains appellent les architectures invisibles ! Je défends même l'idée que nous avons, dans notre 5ème république, beau remplacer Sarko par Hollande, puis Hollande par Macron, puis Macron par Tartempion, l'essentiel de la politique restera identique. Et suicidaire.

Mais c'est un autre débat... Tant que nous ne changerons pas le moule, celui-ci crachera la même pièce.

Ok, dans tous les collectifs ou j'ai été, cette règle des réunions en bocal était de mise. Elle semble faire partie des fondamentaux, un peu comme la réunion en cercle, la facilitation, le cadre de sécurité, ... Et même, bien souvent, il me semble que les collectifs sont plutôt contents, voire fiers de pouvoir montrer leur mode de fonctionnement... et puis cela permet aussi d'avoir un feedback... d'avoir des questions pertinentes, des suggestions... ce qui fait progresser l'ensemble de nos collectifs.

Pourquoi est-ce différent ici ?

Y'a-t-il des sujets lourds, émotionnels, à traiter ce soir ? Pas l'impression, comme ça se répète, ça semble plutôt être une pratique habituelle ici.

Est-ce la culture allemande qui influence ? Peut-être... Les Français du groupe ne semblent pas non plus coutumiers de ces réunions en bocal.

Est-ce juste que les personnes ont besoin d'être prévenues plus à l'avance et de ne pas être mises au pied du mur ? Va savoir ...

Cela m'interpelle en tout cas et pour tout dire constitue une petite alarme qui s'allume... Bon, de la part des autres, je ne supporte pas les procès d'intention. Je vais peut-être éviter d'en faire moi-même, hein !

Résumons :

1. Ma présence en bocal lors de cette réunion n'était pas souhaitée spontanément par toutes et tous.
2. Cela a provoqué chez moi un petit coup de sang.
3. Mon besoin est de pouvoir assister aux réunions pour goûter aussi à cette facette de ce collectif.

Ben… je crois bien que pour que le process de CNV[1] soit complet, il ne me reste plus que la demande à faire !

Marc, le 15 septembre 2022

Chouette témoignage, riche émotionnellement.

Il m'inspire quelques questions :

1. Qu'est-ce qui aujourd'hui, vous donne envie, toi et ton amoureuse, de rejoindre un écolieu ?
   - Une évidence sociale ?
   - Une évidence écologique ?

---

[1] Communication Non Violente

- o Le sentiment que cela vous apportera plus de sécurité pour les jours difficiles qui s'annoncent ?
- o Le désir de participer à l'avènement d'un modèle sociétal plus juste, plus cohérent, voir même indispensable ?
- o Quelque chose qui relèverait d'une forme de devoir quant à vos congénères ?
- o Le sentiment latent, qu'un jour ou l'autre, chacun d'entre nous y sera contraint ?
- o D'autres facteurs que je n'aurais pas cités ?

2. Comparativement aux autres individus, diriez-vous en général des habitants et des sympathisants des écolieux,

- o Qu'ils perçoivent plus finement
    - ▪ La globalité des choses ?
    - ▪ L'unicité du tout ?
    - ▪ La destruction en cours de la vie sur Terre ?
    - ▪ La destruction en cours de la planète qui nous abrite ?
- o Que leur conscience individuelle et leur maturité sont plus avancées ?

3. Peut-on dire des habitants d'un écolieu, qu'ils partagent en principe tous ensemble, l'essentiel de leurs valeurs et de leurs convictions profondes ?

4. Pour être en harmonie avec sa raison d'être, un écolieu a-t-il nécessairement besoin d'une organisation sociale particulière ; sociocratie, cercles, rôles, rituels, facilitateurs par exemple ?

5. Un bagage ou un niveau culturel minimal est-il nécessaire pour devenir habitant d'un écolieu ?

6. Faut-il envisager l'instauration systématique d'appareils d'éducation à ces outils ?

7. D'où provenait finalement ton coup de sang ?
   - D'un simple sentiment de mise à l'écart ?
   - D'une déception par rapport à ce que cela révèle des valeurs des membres de ce groupe ?
   - As-tu eu l'impression, sur le moment, de subir une forme de domination de la part du groupe ou de certains des individus qui le composent ?

8. De quelle nature est cette petite alarme qui s'est allumée ?

9. Peut-on dire des groupes qui gravitent autour des écolieux, qu'ils sont en général assez peu tolérants avec les individus ou les organisations qui ne partagent pas leur corpus de valeurs ?

Ce ne sont évidemment pas des questions fermées mais je suis curieux de connaître vos ressentis autour de ces sujets.

Vers la justesse

Marc, le 25 septembre 2022

1. Changer son système de chauffage pour moins consommer et réduire ses émissions carbonées.
2. Isoler son logement.
3. Optimiser la température de son habitation.
4. Remplacer sa voiture par un véhicule moins polluant.
5. Se passer de voiture, même.
6. Renoncer aux déplacements inutiles.
7. Favoriser les transports en commun.
8. Prendre des vacances près de chez soi.
9. Prendre des douches tièdes ou froides.
10. Utiliser des shampoings, des savons, des produits de nettoyage, secs et sans emballages en plastique.
11. Acheter et consommer local.
12. Réduire ou cesser sa consommation de viande.
13. Ne pas acheter d'aliments ou d'objets suremballés.
14. Se passer de toute chose inutile.

15. Cesser d'investir du temps, de l'énergie ou de l'argent dans des activités dénuées de sens.

16. Choisir sa banque pour ne pas financer des projets délétères.

17. Réduire le nombre d'intermédiaires dans toutes ses transactions.

18. Cultiver un potager et planter des arbres fruitiers.

19. Cesser de tondre afin de retenir l'eau, de ne pas stériliser les sols et de ne pas détruire les insectes.

20. Réduire l'arrosage ou y renoncer.

21. Laisser, autant que faire se peut, prospérer les endroits où la vie foisonne.

22. Economiser et recycler l'eau.

23. Utiliser des toilettes sèches.

24. Mutualiser les ressources et les outils.

25. Partager les espaces et les pratiques de personnes soucieuses de ne pas exagérément détruire la vie par leur activité ou par leur simple existence.

La liste est loin d'être exhaustive et les occasions d'introduire un peu de justesse dans nos vies sont pléthoriques. Elles nous arrivent, comme souvent c'est advenu par le passé, par les générations les plus jeunes. Et je trouve cela heureux.

Dans cette époque qui est la nôtre, nous assistons chaque jour à l'émergence et au déploiement d'une communauté consciente de la précarité de l'espèce humaine et plus généralement de la précarité de la vie sur Terre. Et même si cette communauté est encore largement minoritaire, elle a pour caractéristique d'être, peut-être pour la première fois de l'Histoire, une communauté populaire mondiale. Ses acteurs, mesurent, théorisent, énoncent, expérimentent, agissent, bâtissent. Ils témoignent aussi, en exploitant pour cela tous les vecteurs médiatiques et technologiques actuels, constituant ainsi un corpus culturel en croissance exponentielle[2].

J'ai aujourd'hui le sentiment de comprendre un peu mieux ce qu'il me faudra faire, ou continuer à faire, pour être un humain acceptable. La direction s'est précisée.

---

[2] Ce qui est paradoxal dans des milieux qui considèrent la croissance comme un risque létal

Elle est plus claire, en tous les cas, qu'il y a quatre ans, lors de l'écriture du premier volume de notre grimoire.

Si comme je l'espère, je devais continuer dans les années à venir, à suivre cette feuille de route, et si un nombre croissant d'individus des classes favorisées[3] faisaient de même, le Monde s'en porterait assurément un peu mieux.

Bien heureusement, cette prise de conscience se répand ; tout comme se répand le sentiment que nos modèles sociaux et politiques, basés sur la croissance et la consommation, ne survivront pas à ces changements de comportement ; ou comme se propage encore, la conviction que, si ce ne sont pas nos changements d'habitude qui provoquent cet effondrement, celui-ci adviendra par l'épuisement prochain, des ressources naturelles desquelles nos sociétés sont dépendantes en toutes choses.

---

[3]   J'évoque ici les personnes qui ont accès à l'eau, à la nourriture, au logement, aux revenus, à la médecine, aux loisirs, aux rapports affectifs et sociaux. On pourrait les appeler les consommateurs par exemple.

Le court inventaire que j'ai dressé en début de chapitre évoque bien souvent l'idée d'une certaine sobriété. Pas forcément douloureuse, pas forcément malheureuse, mais une sobriété quand-même. Et la sobriété peut être vécue par beaucoup d'entre nous comme une somme de renoncements.

Comme je ne suis pas de ceux qui aimeraient voir s'éteindre l'espèce humaine, il me vient parfois cette interrogation.

Quels sont les réels besoins d'un humain contemporain ?

En partant des nécessités les plus simples pour aller vers les plus évoluées, j'évoquerais volontiers ceux-ci.

1. Respirer, boire, manger, s'abriter.
2. Être accueilli par sa famille.
3. Connaître la chaleur humaine, les rapports d'affection et les interactions sociales.
4. Percevoir et tenter de maîtriser son environnement ; en comprendre les bienfaits et les dangers par le biais de ses instincts, de ses ressentis et de ses superstitions.
5. Savoir se défendre des agressions.

6. Affirmer sa personnalité et surmonter ses peurs.

7. Partir à la découverte d'autres contrées et d'autres situations que celles qu'il connait déjà

8. Croire en des vérités universelles.

9. Vivre dans un environnement social dont il comprend les codes, les règles ou le positionnement relatif entre les individus.

10. Bénéficier, en échange de l'acceptation de ces mécanismes, d'un peu de sécurité, de certains droits et de l'attribution d'un rôle social.

11. Accéder à la connaissance, à l'instruction, à la culture, à l'information.

12. Nourrir ses désirs et ses aspirations

13. Bénéficier de libertés individuelles et d'indépendance.

14. Vivre en paix, à l'abri de la violence.

15. Avoir des perspectives pour se projeter dans l'avenir vers plus de confort, plus de pouvoir attractif sur les autres ou une meilleure position sociale.

Aujourd'hui, il ne faut guère plus d'une dizaine d'années d'existence à un enfant pour sentir poindre successivement chacun de ces besoins. Et toute notre société a été bâtie pour y répondre.

Il en existe bien d'autres, évidemment, plus avancés encore.

Mais ceux que j'évoque ici sont parfois présentés comme les péchés originels qui ont saccagé le Monde et qui le conduisent chaque jour un peu plus à sa perte. L'être humain, pour assouvir sa boulimie, son désir de pouvoir, sa volonté de tout dominer, de tout conquérir et sa pulsion de jouir à l'infini, détruit tout, tout autour de lui.

Certains d'entre nous émettent donc l'hypothèse qu'il faudrait, par l'éducation, par la rééducation, par la déconstruction et par une forme de reprogrammation des valeurs, bâtir un nouvel homo sapiens, moins belliqueux, moins orgueilleux, capable de prendre soin de son environnement, et de respecter toute forme de vie, y compris celle de ses congénères. Je ne crois pas que cela soit possible tant l'émergence séquentielle des besoins et des valeurs est, selon ma croyance, constitutive de l'être humain.

S'il est possible d'emmener une truite de rivière vivre dans un lac alpestre, ça n'en fera jamais un mouflon. On ne peut pas, me semble-t-il, changer la nature profonde d'une espèce.

Cela a déjà été tenté sur la nôtre à plusieurs reprises par le passé ; avec des succès très relatifs.

La révolution culturelle chinoise en est un bon exemple. Bien qu'il soit un peu rapide de souligner une relation de cause à effet, on ne peut que constater qu'à l'issue de celle-ci, la Chine est devenue le cœur de réacteur de l'économie de marché dans le Monde. Je ne suis pas certain que ça ait été l'objectif poursuivi par Mao.

Alors, si l'on renonce à rééduquer les esprits, que faire ?

Une bonne nouvelle, si tant est qu'il y en ait une, serait que les générations qui arrivent n'aient pas pour seuls besoins, ceux que j'ai cités précédemment.

De fait, un nombre grandissant d'individus

1. Perçoit l'unicité du monde vivant.
2. Ressent le besoin de prendre soin d'un patrimoine commun.

3. Est en quête d'harmonie universelle.

4. Cherche à réduire l'empreinte induite par sa propre existence.

5. Réclame de la collégialité dans les structures politiques et sociales.

6. Est sensible aux approches systémiques.

7. Choisit dans son recueil de valeurs celle qui répond au mieux à chaque situation vécue.

Bientôt, pour faire monter ses parents en mayonnaise, un adolescent ne réclamera plus le dernier Iphone ou le droit de sortir faire la fête à chaque fois qu'il le désire. Il refusera peut-être simplement de monter dans un avion ou d'utiliser des denrées issues de circuits longs. Ou alors, il demandera à aller vivre dans une communauté plus en ligne avec ses valeurs que le cercle familial.

Nos sociétés chercheront sans doute de plus en plus à répondre à ces nouveaux besoins.

Et même si c'est un peu tardif, même si nous ne vivons que les balbutiements de ces changements profonds, ils ont déjà débuté.

Ruptures

Marc, le 26 octobre 2022

Vendredi dernier, j'ai assisté à la projection du film *Ruptures*, au Cheval Blanc de Schiltigheim. L'événement était organisé par l'Euroasis dans le cadre d'une série de programmations intitulées *Débat... Action !*[4].

Le film a été réalisé par Arthur Gosset, aujourd'hui diplômé de Centrale Nantes et de l'Imperial College of London. Il raconte le parcours de six étudiants, promis, à l'issue de leur passage dans de grandes écoles françaises, à des carrières lucratives et à des postes à responsabilités dans l'administration, dans de grandes entreprises ou au sein de cabinets ministériels.

Ce qui réunit ces six personnages, est leur choix de renoncer à la voie toute tracée qui leur est proposée. Même si les raisons de chacun ne sont pas totalement détaillées dans le documentaire, on retrouve comme tronc commun de leurs motivations, la prise de

---

4   Philippe est l'un des instigateurs de ces programmations

conscience de l'urgence climatique, totalement occultée par les élites économiques et politiques internationales.

Non seulement ils ne souhaitent pas participer à cette cécité collective, mais ils décident, chacun à leur manière, d'agir pour remédier à celle-ci.

La projection s'est poursuivie par un échange avec Tanguy Descamps et Maxime Ollivier, co-auteurs du manifeste intitulé *Basculons ! Dans un monde vi(v)able*, publié chez Actes Sud.

Max est d'ailleurs aussi l'un des protagonistes mis en lumière par Arthur Gosset. Philippe me parle de lui depuis maintenant plusieurs années. Je crois me souvenir qu'il a fait sa connaissance à Pontivy au sein de l'écolieu nommé *La bascule* largement évoqué dans le film. C'était, me semble-t-il, à peu près à l'époque où nous avons écrit le premier volume du Grimoire des trois pépères. Mais il nous en dira plus s'il le souhaite.

A la retombée du rideau, Laure, la compagne de Philippe, m'a demandé ce que je pensais de ce que j'avais vu. Je crois que j'étais ému et j'ai été bien incapable de lui répondre à chaud. Mais j'ai promis, au cours de la soirée, que j'écrirai une bafouille sur le sujet.

C'est ce que je fais ici.

Alors voilà, bien-sûr qu'ils m'ont ému ces gamins.

Je les trouve tantôt courageux, tantôt naïfs, mais je suis impressionné par leur détermination et profondément touché par leurs doutes.

Pourquoi courageux ?

D'abord par leur choix initial de ne pas se compromettre dans une mécanique défaillante et délétère qui entraine chacun d'entre nous vers des moments difficiles. Et puis disons-le comme c'est, le fait de ne pas trahir leurs valeurs profondes les emmène souvent vers des situations de précarité et parfois aussi dans des conflits familiaux. Ce n'est pas facile. Il faut avoir le cœur bien accroché pour continuer à avancer dans ces contextes.

Pourquoi naïfs alors ?

Max nous a expliqué que la démission de Nicolas Hulot du ministère de la transition écologique et solidaire, le 28 août 2018, avait été un choc pour lui et un déclencheur de son engagement. Il pensait probablement qu'un ministre éclairé sur les enjeux climatiques, soutenu par la présidence de la République et, qui plus est, déterminé, médiatique et populaire, allait forcément faire bouger les lignes en profondeur. Il n'en a rien été.

De son côté, Aurélie, une autre protagoniste du documentaire, très impliquée dans le « faire »[5], a choisi de participer à la campagne électorale pour la mairie de Saint-Brieuc. Elle témoigne dans le film, de toute la violence subie par l'équipe avec laquelle elle était engagée, mais aussi de toute la déception après leur échec.

Romain, un troisième personnage présenté dans *Ruptures*, a lui, fait le choix de militer, par un lobbying intelligent et déterminé, pour faire entrer en bonne place, la préoccupation écologique et climatique dans les grandes écoles. Et cela commence à porter ses fruits.

Au fond de moi, je sais bien qu'ils ont raison.

---

[5] Les villages de tiny houses, entre autres choses.

Pour faire basculer le Monde dans quelque chose de différent, de plus juste et de plus sûr, il est nécessaire d'agir tous azimuts comme ils le font. Ils ont bien sûr, raison de s'engager simultanément dans des manifestations, dans de la désobéissance civile, dans des projets sociaux et économiques alternatifs, dans de l'économie sociale et solidaire, dans du lobbying, dans de la politique ou dans de la création artistique. Mais je sens encore chez certains d'entre eux, chevillée très profondément au corps, l'idée que les transformations arriveront par les élites de demain. Et ces élites-là, ils les situent bien entendu, dans les grandes écoles, dans les ministères, dans l'actionnariat ou dans les conseils d'administration des grandes entreprises.

Or, ces circuits sont viciés.

Ils sont structurellement protégés pour ne pas déroger au principe de croissance par exemple. Par ceux-ci, nous parviendrons à faire de l'optimisation énergétique tout au plus. Nous ajouterons de nouvelles sources d'énergie peut-être, mais nous ne cesserons jamais d'épuiser indéfiniment les « ressources » qui permettent aujourd'hui, à une partie d'entre nous de subsister. Il n'y aura pas de décroissance tant que cela va à l'encontre du renforcement du pouvoir de ces élites. Et comme celles-ci ne perdurent que par cooptation, les valeurs qui sont les leurs n'évolueront pas.

Il faudra, soit bâtir des élites d'un nouveau genre, plus éphémères peut-être, soit apprendre à bâtir nos choix sociétaux sur une base plus large d'individus.

C'est pour cette raison que je parle de naïveté.

Mais sans doute que nos basculeurs se rendent compte de tout cela.

Au cours de la soirée, Tanguy et Max nous ont parlé de leurs doutes, de leur sentiment d'impuissance parfois, ou de leur incapacité à toucher une partie de la population.

Ils nous ont dit par exemple, que le débat qui avait eu lieu dans l'après-midi avec des collégiens, leur avait semblé plus cash et plus fructueux que celui qu'ils vivaient avec nous, autrement dit, des gens qui avaient choisi d'être là et qui étaient forcément déjà en partie conquis par leur démarche.

Max lui, a renoncé aux manifestations pour des actions de désobéissance civile. Il s'est aussi engagé avec *La bascule*, puis dans la *primaire populaire*. Aujourd'hui il accompagne la présentation du film ou du livre dans des échanges tels que celui qui a eu lieu vendredi. Il parle maintenant de mettre son énergie dans des projets de spectacle vivant. Mais on sent dans son propos, une forme de frustration quant à l'efficacité des actions qu'il entreprend.

J'aimerais leur dire à tous, que leurs initiatives sont au contraire d'une efficacité redoutable et que c'est bien parce que, depuis quelques années, elles parviennent jusqu'à nous que nous nous sentons interpellés.

Les changements profonds, dans une société ou chez un individu, ne sont jamais spontanés. Ils n'adviennent que lorsque l'échec les a rendus absolument nécessaires. C'est en tous cas ma croyance.

Nombreux sont les gens de ma génération [6] qui ressentent profondément, que les valeurs qui ont été les

---

[6]   J'aurai 57 ans dans quelques mois

leurs jusqu'ici, ne suffiront plus à garantir leurs besoins élémentaires, leur bien-être ou leur épanouissement. Et encore moins ceux de leurs enfants. Mais ils ne comprennent pas pourquoi cela advient. Et surtout, ils se sentent démunis pour imaginer un avenir différent de ce qu'ils ont connu jusqu'ici. Pour les plus avancés d'entre eux, ils ont ressenti après une phase de désespoir, le besoin de plonger en eux-mêmes puis de se tourner vers d'autres pour commencer à envisager de nouvelles façons d'être.

Nous aurons tous, à un moment ou à un autre, besoin d'expérimenter de nouvelles pratiques et de nouveaux rapports sociaux. Et comme les défricheurs et les basculeurs en tous genres auront déjà construit les prototypes nécessaires à cela, l'expérimentation sera devenue possible.

Merci à eux.

Après avoir passé mon samedi avec Max, Tanguy, Diane, Léonard, Eléonore, Eliot, Étienne… tous de la même veine, je m'interroge sur un autre point. N'est-ce finalement pas ce même système qu'ils dénigrent, auquel ils tournent le dos qui les a amenés à ce qu'ils sont aujourd'hui ?

Ils ont tous pour point commun une profondeur, une agilité d'esprit et des avis construits et argumentés sur de très nombreux sujets. Ils en ont dans la caboche quoi !

J'ai le sentiment que ce sont leur formation et les méthodes utilisées dans ces écoles à produire des élites qui leur permettent justement de prendre de la hauteur et de refuser le système et les plats dorés servis à la sortie.

J'ai l'impression que les jeunes de strates sociales et formations moins élitistes sont moins nombreux à être en rupture.

Le système est peut-être encore plus vicié que nous le croyons. Si nous faisons tomber le système élitiste des grandes écoles, ne risque -t- on pas de voir disparaître les basculeurs ?

J'ai moins de doutes que vous.

Oui, la bascule arrive, tout ce que je vis depuis une quinzaine d'années me conforte dans cette intuition. Et elle arrive même rapidement. Et oui aussi, ce n'est jamais assez rapide quand tu attends le truc !

La seule vraie question au final, c'est :

Est-ce que cette bascule vers un monde écologique, social, résiliant, sobre, coopératif arrivera avant que toutes nos structures de société, ces architectures invisibles, soient démolies ?

Auquel cas, je crains que ce ne soient les armes qui parlent et les militaires qui gouvernent ... et là, tout pourrait être remis en question !

Marc à Laure, le 27 octobre 2022

Laure, la question que tu poses est de mon point de vue, un peu celle de la préséance de l'œuf ou de la poule.

Les grandes écoles ont pour objectif de créer les élites de demain. Elles s'inscrivent totalement dans un projet sociétal de défense des valeurs de la modernité[7] qui prévaut encore en Europe de l'Ouest et en Amérique du Nord.

Il s'agit donc pour elles, de former les individus aptes à protéger et à servir ces valeurs. Je pense ici à la liberté individuelle, à l'universalisme, au rationalisme, mais aussi et surtout à l'ambition d'un progrès continu pour les individus comme pour la société tout entière.

Pour accéder à ces grandes écoles, il faut évidemment montrer patte blanche. Il s'agit de pouvoir démontrer d'excellentes aptitudes cognitives, des connaissances profondément acquises, une capacité à se dépasser au travail, ainsi que le goût de la réussite et de la compétition. Elles ne recrutent que les meilleurs. Les plus talentueux certes, mais aussi celles et ceux qui, dès le plus jeune âge, ont été boostés pour soigner leur carnet de notes et leur dossier scolaire.

---

[7]   La modernité, au sens philosophique du terme

Elles fonctionnent sur ce plan, très exactement comme les grands clubs, dans les sports collectifs[8] ou individuels[9]. Les unes comme les autres, sont pleinement alignées sur les valeurs de la modernité.

Les jeunes femmes et les jeunes hommes dont tu me parles sont non seulement entrés dans ces grandes écoles, mais ils en sont aussi sortis diplômés. C'est la couche supérieure de la crème de l'élite ; celles et ceux qui sont destinés à rejoindre les ligues professionnelles. Il n'est pas étonnant qu'ils sachent bâtir un argumentaire, qu'ils excellent à s'exprimer, qu'ils soient riches d'une culture conséquente ou qu'ils soient aussi à l'aise dans la perception de situations microscopiques que dans l'approche de cas d'études macroscopiques. Ils ont été préparés dès leur plus jeune âge, à agir pour prendre en main la destinée de leurs congénères. Et l'on sent parfois assez clairement dans le film d'Arthur Gosset, que, même s'ils remettent beaucoup de choses en cause, ils n'ont pas véritablement renoncé à cela.

---

[8]   Le football en Europe ou le basket aux Etats-Unis par exemple.
[9]   Le tennis par exemple.

Alors, pour répondre à ta question sur leur sur-représentation dans la population « en rupture », je dirais que ce n'est pas étonnant. Ils connaissent de façon plus exhaustive que le commun des mortels, les méandres de nos fonctionnements sociaux et individuels ; ils en perçoivent plus précocement les failles et les limites. Ils sont donc les premiers à entrer en rupture.

Pour autant, ils ne sont pas seuls à réagir.

Philippe et toi êtes suffisamment bien placés pour percevoir par exemple, que tous les écolieux n'ont pas éclos de cette élite des grandes écoles[10].

Loin de là, il me semble.

De mon point de vue, la chute de ces institutions[11] n'entrainerait donc pas la disparition des basculeurs.

Je crois profondément que ce qui fait éclore avant toutes choses, de nouvelles approches de la vie, c'est la

---

[10] Même si c'est peut-être plus enthousiasmant, je le conçois, de faire un bout de chemin avec ceux-là.
[11] Que je ne souhaite pas particulièrement d'ailleurs

mise en échec des valeurs qui nous ont permis d'arriver jusqu'au moment où nous en sommes.

La chute des civilisations provient souvent de choses simples. En Europe de l'Ouest par exemple, le déclin de l'Empire Romain a été précipité par le fait que le climat s'est subitement refroidi au tout début du cinquième siècle. Le Rhin et le Danube se sont soudainement mis à geler en hiver, rendant ainsi les frontières franchissables et impossibles à protéger.

C'est con, mais ça arrive.

Aussi con qu'une ressource pétrole qui s'épuise ou qu'un climat terrestre qui se réchauffe...

Pour finir, à propos des basculeurs qui dénigrent et tournent le dos au système dont ils sont issus, je m'interroge vraiment.

En théorie intégrale[12], on considère que l'émergence d'un nouveau niveau de conscience ne peut aboutir

---

[12] Approche dont je suis friand

qu'aux deux conditions qu'il transcende et qu'il inclue les précédents.

Inclure les précédents niveaux de conscience pourrait se traduire par : accepter que les précédents niveaux de conscience soient constitutifs de ce qui est en train d'éclore.

Selon cette croyance, l'avènement d'une société post-moderne ne pourrait donc totalement aboutir que si les tenants de celle-ci prenaient profondément conscience qu'elle n'est rendue possible que par la préséance d'une société moderne. Quand bien même cette dernière les a menés à des situations détestables.

Et pour clore mon propos, j'aimerais simplement ajouter qu'en écoutant Tanguy et Max vendredi soir, j'avais l'étrange sensation qu'ils étaient d'ores et déjà confrontés aux limites d'un Monde post-moderne, qui n'a pourtant pas encore totalement émergé.

Je suis totalement en phase avec toi Philippe, la bascule est imminente. Elle a d'ailleurs déjà débuté.

Le pétrole ne va pas subitement se régénérer et le climat ne va pas subitement se stabiliser.

Le tout est de savoir la tournure que cette bascule prendra.

Les changements de paradigme sont toujours douloureux. Chacun d'entre nous en fait plusieurs fois l'expérience au cours de sa vie.

C'est en tous cas ce que je crois.

Démocratie et autres architectures invisibles

Marc, le 23 janvier 2023

L'Euroasis organisait, le 2 décembre dernier, un nouveau *Débat... Action !* intitulé « Démocratie, souveraineté monétaire et autres architectures invisibles ».

La soirée, animée par Somhack Limphakdy, réunissait une trentaine de personnes venues échanger avec Ana Sailland et Etienne Chouard, engagés depuis de nombreuses années autour de ces sujets.

Emmanuel Mouillon, ancien banquier d'affaire, aujourd'hui comédien et cofondateur de l'écolieu « La Chouette » les accompagnait au pupitre.

Marc, le 5 décembre 2022

Bonsoir Etienne, bonsoir Ana.

J'ai assisté à la soirée « Démocratie, souveraineté monétaire et autres architectures invisibles » qui s'est tenue à Strasbourg vendredi dernier.

Ce matin encore, j'écrivais à Philippe :

« J'étais venu pour lever la réserve que j'ai sur leurs discours et leurs approches et aussi un peu, il faut bien le dire, parce que je trouve détestable la censure qui rôde autour de leurs personnes. Je pensais qu'en jugeant sur pièce, mes réserves disparaîtraient. Ça n'a pas été le cas. Peut-être même se sont-elles renforcées. Il y a des points aveugles dans l'approche d'Etienne, même si elle est honorable. Je n'ai pas souhaité en débattre lorsque j'ai vu comment tournait la soirée (il m'a semblé que mon intervention, n'apporterait rien de plus au débat). Mais il exprime son découragement et sa fatigue. Il est donc dans un moment qui peut lui permettre de franchir un cap … ou non … »

Ces commentaires peuvent paraître bien présomptueux de la part de quelqu'un qui ne s'est jamais beaucoup *investi dans des actions collectives. A ma décharge, je m'adressais exclusivement à mon ami. Je le côtoie depuis plus de 35 ans et je n'ai donc pas été surpris qu'il me demande quelques explications sur les points aveugles que je mentionne ici.*

Cependant, je ne m'attendais pas à ce qu'il me propose de poursuivre cette discussion avec vous deux et encore moins, Ana, à ce que tu exprimes ton intérêt pour cet échange. Philippe m'avait en effet déjà sollicité il y a trois ans pour que je prenne contact avec toi. Sans doute perçoit-il certaines congruences qui m'échappent encore, entre nous. J'avais donc tenté une prise de contact fin 2019, mais mon message était resté lettre morte.

Mais revenons-en à ce que je considère comme des points aveugles dans ta démarche, Etienne.

Prendre, en commun, le temps de lire, de comprendre, d'interpréter le « règlement intérieur » du peuple de France, a effectivement beaucoup de sens.

Vérifier, tous ensemble, à qui ces textes fondateurs attribuent le pouvoir de décider est, plus encore, nécessaire.

Réécrire, des constitutions, en groupes, dans des versions qui garantissent la souveraineté du Peuple est une idée géniale. C'est didactique et cela ancre efficacement dans les esprits, l'importance d'être vigilant pour conserver des leviers de pouvoir dans notre existence.

Tu nous dis, accompagner ces ateliers constitutifs depuis 20 ans. Tu fais le constat que la contagion exponentielle sur laquelle tu comptais pour implémenter durablement dans notre société, cette nécessaire prise de conscience, n'est pas advenue. Vingt ans, c'est une éternité et je crois que nous pouvons dire aujourd'hui, qu'elle n'adviendra pas par ce moyen.

Mais alors pourquoi cette mayonnaise échoue-t-elle à monter ?

Si je m'essayais à dessiner une cartographie des personnes que je côtoie, dans ma vie privée et professionnelle, je pourrais identifier quatre groupes qui représentent l'essentiel de la population. Ces quatre groupes fonctionnent selon des corpus de valeurs qui leurs sont propres.

Bien qu'il soit constitué d'individus de tous âges, je baptiserais le premier groupe, « nos parents ».

Ses membres reconnaissent, dans l'appareil étatique, dans l'appareil administratif, dans nos dispositifs sociétaux ou dans la répartition de nos groupes sociaux, quelque chose d'immuable, de l'ordre de la vérité ultime. C'est aussi un groupe constitué d'individus guidés par une forme de morale. Il est donc possible, de ce fait, de trouver au sein de celui-ci, quelques personnes sensibles à ta démarche, Etienne. Cependant, ce qui caractérise le plus ceux que je désigne ici, c'est le besoin de stabilité et par conséquent, la volonté de laisser chacun à la place où il se trouve actuellement. Les riches avec les riches, les modestes avec les modestes, les décideurs avec les décideurs…

Le second groupe, qui est le plus important en nombre, je l'appellerais « les jouisseurs ».

Ce sont des personnes plutôt sociables, qui n'aiment pas trop se fâcher avec leur entourage. Elles sont capables de générosité, mais plutôt avec leurs proches. Ce qui les guide, c'est le fait de trouver « leur place au soleil ». Celle qui leur permettra de consommer à l'envi, de partir au ski en hiver et sur une plage à l'autre bout du monde en été. Elles croient fort en la science pour régler tous les problèmes du monde. Elles ont acté la mondialisation et n'ont plus beaucoup d'illusion sur la souveraineté de la France. Elles se rendent bien compte qu'il y a quelque chose qui cloche dans notre quotidien ; mais tant que ça va pour elles, elles ne se battront pas pour la communauté. Il faut qu'elles soient personnellement touchées dans leur liberté individuelle, qu'elles se sentent déchues par exemple, pour commencer à s'investir dans une démarche commune.

Il y a un troisième groupe que je fréquente peu mais qui devient de plus en plus actif dans les médias et sur les réseaux sociaux. Je l'appellerais volontiers « la cohorte ».

Ce sont des gens qui revendiquent la loi du plus fort. On disait autrefois qu'ils vivaient essentiellement dans les banlieues des grandes villes. Je n'en sais rien, je n'y suis jamais vraiment allé. Mais ceux que j'entends aujourd'hui ne sont pas toujours issus de ces endroits, loin de là. Ceux-là ne reconnaissent pas l'Etat. Les valeurs qu'ils revendiquent sont plutôt centrées sur la gloire ou le courage. Ils redoutent par-dessus tout, de vivre des situations de faiblesse ou de honte. Je les croyais disparus mais ils reviennent en force ; dans un baroud d'honneur je l'espère. Il n'y a aucune chance de trouver parmi eux des « ouvriers constituants ».

Enfin, je pourrais baptiser le dernier groupe « les chouettes », en référence à Emmanuel qui vous accompagnait au pupitre vendredi soir.

Une « chouette » ne se retrouve dans aucun des trois groupes précédents. Elle a acté que notre modèle social était à bout de souffle. Et surtout, elle a admis qu'elle n'avait plus aucune latitude pour jouer un rôle dans sa déclinaison actuelle. Elle se recrée donc une et même souvent plusieurs bulles sociales, de tailles modestes, humainement appréhendables, pour retrouver, au sein de celles-ci, de réelles capacités d'action. Etienne, j'ai vu ton incrédulité lorsqu'Emmanuel a affirmé l'autre soir au micro, qu'il pouvait décider d'un nombre très conséquent de choses dans son quotidien. Tu lui as répondu que vous ne parliez pas de la même chose. Je me souviens avoir pensé sur le moment : « Mais si, au contraire, vous parlez très exactement de la même chose ». Mais vous avez des stratégies différentes. Il est difficile de convaincre une chouette de concourir à la souveraineté du Peuple au sein de l'Etat. Au mieux, elle aura de la tendresse pour la démarche ; mais elle a lâché l'affaire depuis longtemps.

Voilà, de mon point de vue, ce qui explique le plafonnement du nombre d'ouvriers constituants. Etienne, ta proposition de bâtir une nouvelle constitution française rencontre trop d'obstacles.

« Nos parents » souhaitent que rien ne bouge.

« Les jouisseurs », considèrent la maille de l'Etat trop petite. Trop de décisions ne se prennent plus à son échelle.

« La cohorte » ne veut pas de constitution (j'ai d'ailleurs lu aujourd'hui que Donald Trump souhaitait abolir la constitution des Etats-Unis).

« Les chouettes » considèrent la maille de l'Etat bien trop étendue pour être maîtrisable.

Et cela n'enlève rien à l'intérêt de tes ateliers qui éclairent malgré toutes ces réserves, un nombre croissant d'individus.

Concernant tes écrits, Ana, ma circonspection est d'un ordre différent.

Cela fait longtemps que je n'ai plus consulté l'un de tes billets sur les réseaux sociaux. Ce que j'exprime ici est donc sans doute un peu daté et surtout assez subjectif. Je peux simplement dire que je te sens très armée intellectuellement, très nourrie culturellement et très juste dans tes analyses. Mais je te perçois comme une guerrière. Tu as décidé de te battre frontalement contre les tyrans. C'est une façon d'être, digne et stratégiquement défendable. Je reconnais l'intérêt de cela et je sais notamment, tout le potentiel de mobilisation que déclenche l'indignation.

Mais il y a quelque chose de profondément ancré en moi qui ne souhaite pas voir émerger un Monde bâti sous l'influence des guerriers.

Voilà, je m'en tiendrai à cela pour ce soir.

Merci à vous deux, pour tout le temps que vous avez pris à venir à notre rencontre.

Bonne soirée.

Marc, le 8 décembre 2022

Bonjour à tous,

Quelques précisions sur « nos parents », « les jouisseurs », « la cohorte » et « les chouettes ». Ces quatre groupes sociaux ne tombent pas du ciel.

Les valeurs de « nos parents » sont celles que nous appréhendons vers l'âge de 6 ou 7 ans. C'est le moment où nous prenons conscience du fait que la vie en société nécessite le respect de quelques règles communes qui nous simplifient la vie à tous. En nous conformant à ces règles, nous renforçons notre aptitude à nous faire accepter de nos congénères. En y dérogeant, nous prenons le risque de la mise à l'écart. 6 ou 7 ans, c'est l'époque où la notion de bien et de mal s'ancre durablement et c'est aussi un stade ou l'existence devient profondément collective. Certains pédopsychiatres parlent « d'âge de raison », c'est-à-dire,

50

l'âge auquel nous devenons raisonnables ; autrement dit aussi, l'âge auquel il devient possible de nous raisonner ; et décliné différemment encore, c'est l'âge ou notre maturité est suffisamment aboutie pour que nous devenions manipulables. Pour notre bien, évidemment. A méditer...

Pour se sentir pleinement sécurisé, un individu, centré sur les valeurs de l'âge de raison, a besoin que le code de bonne conduite soit gravé dans le marbre. Si ce n'est pas le cas, il risque de se trouver en infraction alors même qu'il pensait avoir tout fait « comme il faut ». On rencontre parfois, dans le groupe de « nos parents », des personnes qui consacrent leur vie à essayer de faire émerger plus de justice pour chacun. Ceux-là sont prêts à réécrire le code de bonne conduite et sont donc de bons candidats pour devenir des « ouvriers constituants ».

Les valeurs du groupe « des jouisseurs » sont plutôt celles qui émergent à l'adolescence. Le terme de « jouisseur » peut donc parfaitement être pris au premier degré, avec une connotation sexuelle. C'est le moment où nous achevons notre croissance, celui où notre besoin d'indépendance s'exprime, où nos capacités cognitives se décuplent, où notre désir de goûter à toutes sortes de plaisirs explose. C'est l'époque du « tout et tout de suite ». C'est un stade très individualiste. J'ai le sentiment que la population française est encore largement centrée sur ces valeurs de l'adolescence.

Les valeurs du groupe « des chouettes » s'acquièrent plus tard il me semble. Dans une société plus mature, elles adviendraient probablement au moment de l'émancipation de l'individu de son noyau familial, lorsque son autonomie devient totale, entre 20 et 30 ans. Contrairement à celles qui volent de nuit dans nos régions, les chouettes que j'évoque ici sont des animaux profondément grégaires. Elles ont le collectif chevillé au corps. Dans les cellules sociales dans lesquelles elles évoluent, toute la gouvernance concoure à la collégialité des prises de décision. Ce qui n'est pas forcément simple. Dans un habitat de chouette, un écolieu par exemple, il n'est pas rare que tous les membres aient suivi une sensibilisation approfondie à la « petite constitution interne » de l'endroit. Et, bien souvent, cette petite constitution est établie et challengée par tous. Les ateliers constituants y sont natifs.

Il reste les membres de « la cohorte ».

Ceux-là puisent leurs valeurs dans un corpus antérieur à celui de l'âge de raison, à l'époque où la personnalité s'affirme. J'ai dessiné, au printemps dernier, quelques planches de BD qui illustrent ce moment. Je vous les transmets en pièce jointe.

Ce sera plus digeste que ce texte qui commence à devenir pompeux...

Bonne soirée.

Marc, le 21 janvier 2023

Note : Les deux messages précédents ont donné lieu à quelques courts échanges écrits entre les auteurs de cet ouvrage et les conférenciers de la soirée du 2 décembre. J'ai fait le choix de ne pas les retranscrire ici.

Poupchette et le grand escalier

Marc, juin 2022

Poupchette et le grand escalier

Dans la maison de Poupchette, il
y a un grand escalier. Quand
elle s'en approche, Maman crie,
Papa gronde et Tom l'attrape.
C'est très énervant !

Il doit y avoir
un gros monstre qui
fait très peur là-haut !

Mais elle n'a pas peur Poupchette.
Elle va monter voir à quoi elle
ressemble cette sale bestiole et elle
va lui donner une bonne leçon !
Et après ça, on verra bien qui est
la cheffe !

La cheffe peut
manger tous
les gâteaux
du placard.

Et si Tom l'embête...

La cheffe peut sauter sur les lits.
Et si Maman et Papa ne sont
pas contents ...

Poupchette.
Où es-tu ?

Non ma
Poupchette.
C'est interdit
de jouer dans
l'escalier.

Après une grosse colère, Poupchette
part se cacher. Elle voudrait être
toute petite comme une souris.

Dors ma petite guerrière !
Tu vaincras d'autres
sommets... Plus tard... O O °

L'IA et la démocratie française

Philippe, le 22 décembre 2022
Publication Facebook

Ce que pense l'IA de la démocratie française !
J'ai "torturé" un peu le logiciel d'intelligence artificielle ChatGPT[13] sur la question de la démocratie...
Voilà ce que ça donne ! ☺

Phil
Pourrais-tu me donner la définition de la démocratie ?

La démocratie est un type de gouvernement dans lequel le pouvoir est exercé par le peuple, généralement à travers ses représentants élus. Le mot "démocratie" vient du grec ancien et signifie "gouvernement du peuple".
Il existe différents types de démocratie, mais elles ont toutes en commun le fait que le pouvoir est détenu par le peuple et que les décisions sont prises par la majorité. Dans une démocratie, les citoyens ont le droit de participer aux décisions politiques en votant pour leurs représentants et en exprimant leurs opinions sur les questions politiques.
La démocratie est souvent considérée comme le meilleur système de gouvernement, car elle permet aux citoyens de participer au processus de prise de décision et de changer leurs représentants s'ils ne sont pas satisfaits de leur travail. Cependant, la démocratie peut aussi être critiquée pour son manque de rapidité et de stabilité, et pour son potentiel de corruption et de manipulation politique.

---

[13] https://chat.openai.com/chat

Phil

Si, dans une démocratie, le peuple prend généralement ses décisions à travers ses représentants élus, en quoi détient-il le pouvoir ?

Dans une démocratie, le peuple détient le pouvoir en ce qu'il a le droit de choisir ses représentants et de les destituer s'ils ne remplissent pas leur devoir de manière satisfaisante. Les représentants élus sont censés agir au nom du peuple et prendre des décisions qui reflètent les intérêts et les préférences de leurs électeurs.

En outre, les citoyens peuvent influencer les décisions politiques de différentes manières, par exemple en participant aux manifestations et aux manifestations publiques, en signant des pétitions et en exprimant leurs opinions sur les réseaux sociaux et dans les médias.

En résumé, bien que le pouvoir politique soit exercé principalement par les représentants élus dans une démocratie, le peuple a le pouvoir de choisir et de destituer ces représentants et d'influencer les décisions politiques de différentes manières.

Phil

Dans la démocratie française, par exemple, comment le peuple peut-il destituer ses représentants ?

Dans la démocratie française, le peuple peut destituer ses représentants élus de différentes manières.

Tout d'abord, les citoyens français ont le droit de voter pour leurs représentants lors des élections politiques. Si un représentant ne remplit pas son devoir de manière satisfaisante, les citoyens peuvent voter pour un autre candidat lors des élections suivantes.

En outre, le peuple français peut destituer ses représentants en utilisant le processus de révocation. La révocation est un mécanisme qui permet aux citoyens de demander la destitution de leurs représentants avant la fin de leur mandat. Pour que la révocation soit possible, les citoyens doivent réunir un certain nombre de signatures sur une pétition et présenter cette pétition au Conseil constitutionnel, qui décidera si la révocation peut avoir lieu ou non.

Enfin, le peuple français peut destituer ses représentants en utilisant le processus de motion de censure. Une motion de censure est une motion adoptée par le Parlement qui exprime la défiance du Parlement à l'égard du gouvernement en place. Si la motion de censure est adoptée, le gouvernement est obligé de démissionner et de convoquer de nouvelles élections législatives.

En résumé, le peuple français peut destituer ses représentants en votant pour un autre candidat lors des élections, en utilisant le processus de révocation ou en utilisant le processus de motion de censure.

Phil

Tu dis : "Tout d'abord, les citoyens français ont le droit de voter pour leurs représentants lors des élections politiques. Si un représentant ne remplit pas son devoir de manière satisfaisante, les citoyens peuvent voter pour un autre candidat lors des élections suivantes."
Voter pour quelqu'un d'autre n'est pas destituer ! car il faut attendre la prochaine élection. Ou bien ?

Vous avez raison, voter pour quelqu'un d'autre lors des élections suivantes n'est pas la même chose que de destituer un représentant. Cependant, dans une démocratie, le peuple a le pouvoir de changer de représentants s'ils ne sont pas satisfaits de leur travail en votant pour un autre candidat lors des élections suivantes.

En effet, dans une démocratie, les représentants sont élus pour un mandat limité de temps, généralement plusieurs années. Si un représentant ne remplit pas son devoir de manière satisfaisante, les citoyens peuvent exprimer leur mécontentement en votant pour un autre candidat lors de la prochaine élection. Ainsi, même si cela ne constitue pas une destitution immédiate, cela permet au peuple de changer de représentants s'ils ne sont pas satisfaits de leur travail.

Il existe cependant d'autres mécanismes en France qui permettent au peuple de destituer ses représentants avant la fin de leur mandat, tels que la révocation et la motion de censure, que j'ai mentionnés dans ma réponse précédente. Je vous encourage à lire cette réponse pour en savoir plus sur ces mécanismes.

Phil

Peux-tu me détailler le processus de révocation s'il te plait ? Notamment combien faut-il réunir de signatures ?

Le processus de révocation en France est un mécanisme qui permet aux citoyens de demander la destitution de leurs représentants avant la fin de leur mandat. Il s'agit d'une procédure exceptionnelle qui ne peut être utilisée que dans des cas très précis et qui nécessite l'accord du Conseil constitutionnel.

Voici comment se déroule le processus de révocation en France : Préparation de la pétition de révocation : Les citoyens qui souhaitent demander la révocation de leur représentant doivent rédiger une pétition de révocation et la faire signer par un certain nombre de personnes. Selon la loi, il faut réunir au moins 10% des électeurs inscrits sur les listes électorales pour pouvoir déposer une pétition de révocation.

Dépôt de la pétition de révocation : Une fois la pétition de révocation rédigée et signée par suffisamment de personnes, elle doit être déposée auprès du Conseil constitutionnel.

Examen de la pétition par le Conseil constitutionnel : Le Conseil constitutionnel examine la pétition de révocation et décide si elle peut être acceptée ou non. Pour qu'une pétition soit acceptée, il faut que le Conseil constitutionnel estime qu'il y a une "faute grave" de la part du représentant concerné et que la révocation est "nécessaire au respect de la Constitution".

Consultation des électeurs : Si la pétition de révocation est acceptée par le Conseil constitutionnel, une consultation des électeurs est organisée. Les citoyens peuvent alors exprimer leur avis sur la révocation du représentant en votant "oui" ou "non". Pour que la révocation soit effective, il faut que la majorité des votants aient voté "oui".

En résumé, pour réussir une révocation en France, il faut réunir au moins 10% des signatures des électeurs inscrits sur les listes électorales, obtenir l'accord du Conseil constitutionnel et recueillir la majorité des votes favorables lors de la consultation des électeurs. C'est donc un processus relativement complexe et difficile à mettre en œuvre.

Phil

Merci. Et combien de personnes cela représente-t-il en France ?

Il est difficile de donner un chiffre précis, car cela dépend du nombre d'électeurs inscrits dans chaque circonscription électorale et du taux de participation aux élections. Cependant, pour donner une idée de l'ordre de grandeur, en France, il y a environ 47 millions d'électeurs inscrits sur les listes électorales et environ 50% de ces électeurs participent en moyenne aux élections. Cela signifie que pour réussir une révocation en France, il faudrait réunir environ 4,7 millions de signatures, soit 10% des électeurs inscrits.

Il est important de noter que le processus de révocation en France est un mécanisme exceptionnel qui ne peut être utilisé que dans des cas très précis et qui nécessite l'accord du Conseil constitutionnel. C'est donc un processus relativement difficile à mettre en œuvre et qui n'est utilisé que très rarement.

Phil
Donc pour réussir cette destitution, il faudrait commencer par réunir environ 4,7 millions d'électeurs. Et cela permettrait juste d'obtenir l'examen par le conseil constitutionnel. C'est bien cela ?

Oui, c'est exact. Pour réussir une révocation en France, il faut d'abord réunir au moins 10% des signatures des électeurs inscrits sur les listes électorales de la circonscription concernée. Cela représente environ 4,7 millions de signatures pour l'ensemble de la France. Cette étape permet de déposer une pétition de révocation auprès du Conseil constitutionnel et de demander l'examen de cette pétition.
Cependant, il est important de noter que la révocation n'est pas automatiquement acceptée par le Conseil constitutionnel. Pour qu'une pétition de révocation soit acceptée, il faut que le Conseil constitutionnel estime qu'il y a une "faute grave" de la part du représentant concerné et que la révocation est "nécessaire au respect de la Constitution". Si la pétition est acceptée, alors une consultation des électeurs est organisée pour permettre aux citoyens de voter "oui" ou "non" à la révocation du représentant. Pour que la révocation soit effective, il faut que la majorité des votants aient voté "oui".
En résumé, pour réussir une révocation en France, il faut d'abord réunir un certain nombre de signatures, puis obtenir l'accord du Conseil constitutionnel et enfin recueillir la majorité des votes favorables lors de la consultation des électeurs. C'est donc un processus complexe et difficile à mettre en œuvre.

Phil
Est-ce que ce droit de destituer a déjà été tenté en France ?

Le processus de révocation en France est un mécanisme exceptionnel qui n'a été mis en œuvre que très rarement. Depuis que ce mécanisme a été institué en France en 2008, il n'y a eu qu'une seule tentative de révocation qui a abouti jusqu'à présent. Il s'agit de la révocation de Jean Lassalle, député de la Haute-Garonne, en 2016.
Avant cela, il y a eu plusieurs autres tentatives de révocation qui n'ont pas abouti. Par exemple, en 2012, une pétition de révocation a été déposée contre le député UMP de Paris, Daniel Vaillant, mais elle n'a pas été acceptée par le Conseil constitutionnel.
En résumé, le processus de révocation en France est très rarement mis en œuvre et n'a abouti qu'une seule fois à ce jour. Cela montre que c'est un mécanisme complexe et difficile à mettre en œuvre, qui nécessite l'accord du Conseil constitutionnel et la majorité des votes favorables lors de la consultation des électeurs.

Phil
Et est-ce que Jean Lassalle a été destitué en 2016 ?

Oui, Jean Lassalle a été destitué en 2016 suite à une révocation. Jean Lassalle était député de la Haute-Garonne et avait été élu en 2012. En 2016, une pétition de révocation a été déposée contre lui auprès du Conseil constitutionnel, et cette pétition a été acceptée. Une consultation des électeurs a alors été organisée pour permettre aux citoyens de voter "oui" ou "non" à la révocation de Jean Lassalle. La majorité des votants ont voté "oui", et Jean Lassalle a donc été destitué avant la fin de son mandat.

Il est important de noter que le processus de révocation en France est un mécanisme exceptionnel qui ne peut être utilisé que dans des cas très précis et qui nécessite l'accord du Conseil constitutionnel. C'est donc un processus relativement difficile à mettre en œuvre et qui n'est utilisé que très rarement. Jean Lassalle est donc le seul représentant à avoir été destitué par révocation en France à ce jour.

Phil
Ok, merci.
Pouvons-nous reconnaître que la destitution n'est pas une bonne manière pour le peuple français d'exercer son pouvoir dans cette démocratie ?

Il est difficile de dire si la destitution est une "bonne" ou une "mauvaise" manière pour le peuple français d'exercer son pouvoir dans cette démocratie, car cela dépend de nombreux facteurs et peut varier selon les circonstances.

Il est vrai que le processus de révocation en France est un mécanisme exceptionnel qui n'a été utilisé que très rarement et qui nécessite l'accord du Conseil constitutionnel et la majorité des votes favorables lors de la consultation des électeurs. Cela signifie qu'il est relativement difficile à mettre en œuvre et que seuls quelques rares représentants ont été destitués par révocation en France à ce jour.

Cependant, il est important de noter que le peuple français a d'autres moyens de faire entendre sa voix et de faire valoir ses intérêts dans cette démocratie. Par exemple, les citoyens français ont le droit de voter pour leurs représentants lors des élections politiques et de manifester pacifiquement pour exprimer leur opinion sur les questions d'intérêt public. Ils peuvent également participer aux débats politiques en s'informant et en exprimant leurs opinions sur les réseaux sociaux et dans les médias.

En résumé, bien que la destitution par révocation soit un mécanisme exceptionnel et relativement difficile à mettre en œuvre en France, le peuple français a d'autres moyens de faire entendre sa voix et de faire valoir ses intérêts dans cette démocratie.

Phil
Venons-en au fait de manifester.
Peux-tu me donner une définition "d'exercer le pouvoir" ?

Exercer le pouvoir signifie avoir l'autorité ou la capacité de prendre des décisions et de les mettre en œuvre, de faire respecter des règles ou de faire respecter ses opinions. Dans le contexte de la démocratie, exercer le pouvoir signifie avoir l'influence nécessaire pour orienter les décisions prises par les pouvoirs publics ou pour influencer l'opinion publique.
Il existe différentes manières d'exercer le pouvoir dans une démocratie. Par exemple, les citoyens peuvent exercer leur pouvoir en votant pour leurs représentants lors des élections politiques et en exprimant leur opinion sur les questions d'intérêt public. Les représentants élus peuvent également exercer leur pouvoir en votant des lois et en prenant des décisions au sein des instances politiques où ils siègent.
En résumé, exercer le pouvoir signifie avoir l'autorité ou la capacité de prendre des décisions et de les mettre en œuvre, de faire respecter des règles ou de faire respecter ses opinions. Dans le contexte de la démocratie, il existe différentes manières d'exercer le pouvoir, comme voter pour les représentants et exprimer son opinion sur les questions d'intérêt public.

Phil
Ok, merci.

En quoi manifester a quoi que ce soit à voir avec le fait d'exercer le pouvoir ?

Manifester signifie se réunir publiquement et de manière pacifique pour exprimer son opinion sur une question d'intérêt public ou pour revendiquer un droit ou une cause. Dans le contexte de la démocratie, manifester peut être considéré comme une manière pour le peuple de faire entendre sa voix et de faire valoir ses intérêts.
En effet, dans une démocratie, les pouvoirs publics sont censés être au service de la population et doivent tenir compte de l'opinion publique dans leurs décisions. Les manifestations peuvent être un moyen pour le peuple de faire pression sur les pouvoirs publics et de faire entendre ses revendications. Elles peuvent également contribuer à influencer l'opinion publique et à faire évoluer les mentalités sur une question donnée.
Ainsi, manifester peut être considéré comme une manière pour le peuple de faire entendre sa voix et de faire valoir ses intérêts dans une démocratie, et par conséquent, comme une manière d'exercer son pouvoir. Cependant, il est important de noter que manifester doit être une activité pacifique et ne doit pas porter atteinte aux droits des autres ou à l'ordre public.

Phil
Ok, j'entends que manifester est une manière d'exprimer son opinion.
Mais cela n'a strictement rien à voir avec le fait de prendre des décisions, ou bien ?

En effet, manifester consiste à exprimer son opinion sur une question d'intérêt public, mais cela ne signifie pas que les manifestations ont directement le pouvoir de prendre des décisions.

Dans une démocratie, les pouvoirs publics sont censés être au service de la population et doivent tenir compte de l'opinion publique dans leurs décisions. Les manifestations peuvent être un moyen pour le peuple de faire pression sur les pouvoirs publics et de faire entendre ses revendications, mais elles ne remplacent pas le processus démocratique de prise de décision. En effet, c'est aux représentants élus de voter les lois et de prendre les décisions au sein des instances politiques où ils siègent.

Cependant, il est possible que les manifestations aient un impact sur les décisions prises par les pouvoirs publics. Par exemple, si les manifestations attirent l'attention des médias et suscitent un débat public, elles peuvent influencer l'opinion publique et contribuer à faire évoluer les mentalités sur une question donnée. Dans certains cas, elles peuvent également inciter les pouvoirs publics à revoir leur position sur une question ou à prendre une décision différente de celle qu'ils avaient initialement prévue.

En résumé, manifester consiste à exprimer son opinion sur une question d'intérêt public, mais cela ne signifie pas que les manifestations ont directement le pouvoir de prendre des décisions. Cependant, elles peuvent avoir un impact sur les décisions prises par les pouvoirs publics et contribuer à faire entendre la voix du peuple dans le processus démocratique de prise de décision.

Phil

Et on sera aussi d'accord pour dire que de donner son opinion sur les médias ou sur les réseaux sociaux n'a rien à voir non plus avec le fait d'exercer le pouvoir, au sens de prendre des décisions ?

Il est vrai que donner son opinion sur les médias ou sur les réseaux sociaux ne signifie pas directement exercer le pouvoir au sens de prendre des décisions.

Cependant, il est possible que l'opinion exprimée sur les médias ou sur les réseaux sociaux ait un impact sur les décisions prises par les pouvoirs publics ou sur l'opinion publique en général. Par exemple, si l'opinion exprimée suscite un débat public et attire l'attention des médias, elle peut contribuer à faire évoluer les mentalités sur une question donnée et à influencer l'opinion publique. Dans certains cas, elle peut également inciter les pouvoirs publics à revoir leur position sur une question ou à prendre une décision différente de celle qu'ils avaient initialement prévue.

En résumé, donner son opinion sur les médias ou sur les réseaux sociaux ne signifie pas directement exercer le pouvoir au sens de prendre des décisions, mais cela peut avoir un impact sur les décisions prises par les pouvoirs publics et sur l'opinion publique en général. C'est pourquoi il est important de participer aux débats politiques et de s'informer sur les questions d'intérêt public, afin de contribuer à faire entendre la voix du peuple dans le processus démocratique de prise de décision.

Phil
En résumé de cet échange :
- voter n'est pas exercer le pouvoir
- destituer ses représentants est quasiment impossible ou tout à fait exceptionnel
- manifester ou exprimer son opinion n'est pas exercer le pouvoir
Alors en quoi le peuple français, pourtant en démocratie, exerce-t-il le pouvoir ?

Il est vrai que voter, destituer ses représentants et manifester ou exprimer son opinion ne sont pas des manières exclusives d'exercer le pouvoir dans une démocratie. Cependant, il existe d'autres manières pour le peuple de faire entendre sa voix et de faire valoir ses intérêts dans cette démocratie.

Voici quelques exemples de manières pour le peuple de faire entendre sa voix et de faire valoir ses intérêts dans une démocratie :

Voter pour ses représentants lors des élections politiques : en votant, les citoyens peuvent choisir les personnes qui représenteront leurs intérêts et prendront les décisions qui affectent leur vie quotidienne.

S'informer et participer aux débats politiques : en s'informant sur les questions d'intérêt public et en exprimant son opinion sur les réseaux sociaux ou dans les médias, les citoyens peuvent contribuer à influencer l'opinion publique et à faire évoluer les mentalités sur une question donnée.

Manifester pacifiquement : les manifestations peuvent être un moyen pour le peuple de faire pression sur les pouvoirs publics et de faire entendre ses revendications.

Exercer son droit de pétition : en France, les citoyens ont le droit de déposer une pétition auprès du gouvernement

Phil

"Voter pour ses représentants lors des élections politiques : en votant, les citoyens peuvent choisir les personnes qui représenteront leurs intérêts et prendront les décisions qui affectent leur vie quotidienne."

Ceci c'est désigner des personnes, les représentants, qui exerceront le pouvoir. Et donc ce n'est pas exercer le pouvoir.

"S'informer et participer aux débats politiques : en s'informant sur les questions d'intérêt public et en exprimant son opinion sur les réseaux sociaux ou dans les médias, les citoyens peuvent contribuer à influencer l'opinion publique et à faire évoluer les mentalités sur une question donnée."

Ceci, ce n'est pas exercer le pouvoir, tu l'as dit précédemment.

"Manifester pacifiquement : les manifestations peuvent être un moyen pour le peuple de faire pression sur les pouvoirs publics et de faire entendre ses revendications."

Ceci, ce n'est pas exercer le pouvoir, tu l'as dit précédemment aussi.
"Exercer son droit de pétition : en France, les citoyens ont le droit
de déposer une pétition auprès du gouvernement"
Ceci, ce n'est pas exercer le pouvoir, tu l'as dit précédemment.
Je ne vois pas en quoi le peuple français peut exercer son pouvoir.
Et je ne vois pas pourquoi ce peuple appelle son régime, une
démocratie. Peux-tu m'expliquer ?

Il est vrai que voter pour ses représentants, s'informer et participer aux débats politiques, manifester pacifiquement et exercer son droit de pétition ne signifient pas directement exercer le pouvoir au sens de prendre des décisions. Cependant, ils peuvent contribuer à faire entendre la voix du peuple et à faire valoir ses intérêts dans le processus démocratique de prise de décision.

Dans une démocratie, le pouvoir est censé être exercé par et pour le peuple. Les citoyens ont le droit de participer au processus démocratique et d'exprimer leurs opinions et leurs revendications. Les représentants élus sont censés représenter les intérêts de la population et prendre en compte l'opinion publique dans leurs décisions.

Il est vrai que le peuple ne peut pas exercer le pouvoir de manière directe dans tous les cas. Cependant, il peut avoir une influence sur les décisions prises par les pouvoirs publics et contribuer à faire entendre sa voix dans le processus démocratique de prise de décision.

En résumé, le peuple français peut exercer son pouvoir en votant pour ses représentants, en s'informant et en participant aux débats politiques, en manifestant pacifiquement et en exerçant son droit de pétition. Ces activités permettent au peuple de faire entendre sa voix et de faire valoir ses intérêts dans le processus démocratique de prise de décision. C'est pourquoi la France est considérée comme une démocratie, même si le peuple n'exerce pas le pouvoir de manière directe dans tous les cas.

Marc

En effet Philippe, l'exercice est intéressant.

> **Philippe**
>
> *Oui, c'est le moins que l'on puisse dire... il tourne un peu en rond sur ses positions mais a de la ressource, le bougre !*

> **Marc**
>
> *Mouais...*
>
> *L'idée de la révocation est un piège je trouve. C'est en quelque sorte une façon de noyer le poisson.*
>
> *La révocation est un pouvoir, certes, mais elle ne permet aucunement au peuple de participer aux prises de décisions.*
>
> *C'est pareil pour la motion de censure d'ailleurs.*

> **Philippe**
>
> *Marc, bien entendu...*
>
> *C'est bien parce qu'il n'y a "quasi rien" dans cette démocratie que l'IA (politiquement correcte) est obligée de racler les fonds de tiroirs !*
>
> *Et dire que je me suis fait avoir aussi longtemps...*

Suite et fin (pour le moment )

Phil

"En résumé, le peuple français peut exercer son pouvoir en votant pour ses représentants, en s'informant et en participant aux débats politiques, en manifestant pacifiquement et en exerçant son droit de pétition. Ces activités permettent au peuple de faire entendre sa voix et de faire valoir ses intérêts dans le processus démocratique de prise de décision. C'est pourquoi la France est considérée comme une démocratie, même si le peuple n'exerce pas le pouvoir de manière directe dans tous les cas."
Cela me semble effectivement un assez bon résumé de ce que les gens, médias et dirigeants politiques y compris, appellent "démocratie" française.
Or, dire que la démocratie est le pouvoir du peuple, c'est juste un mensonge. Non ?

Il est vrai que la démocratie ne consiste pas à donner le pouvoir direct au peuple de prendre toutes les décisions dans tous les domaines. Dans une démocratie, le pouvoir est censé être exercé par et pour le peuple, mais il est exercé de manière indirecte, par le biais de représentants élus.
Le peuple exerce son pouvoir en choisissant ses représentants et en participant au processus démocratique de prise de décision. Les représentants élus sont censés représenter les intérêts de la population et prendre en compte l'opinion publique dans leurs décisions.
Il est vrai que la démocratie peut être critiquée pour ne pas donner suffisamment de pouvoir au peuple. Cependant, cela ne signifie pas que la démocratie est un mensonge. La démocratie est un système politique basé sur le principe de la souveraineté du peuple, qui consiste à donner aux citoyens un certain degré de participation et de contrôle sur le processus décisionnel. Cela

peut se faire de différentes manières, telles que le vote, la participation aux débats politiques, la manifestation pacifique et l'exercice du droit de pétition.

En résumé, la démocratie est un système politique qui donne aux citoyens un certain degré de participation et de contrôle sur le processus décisionnel, même s'il ne s'agit pas d'un pouvoir direct dans tous les cas. Cela ne signifie pas que la démocratie est un mensonge, mais plutôt que c'est un système politique qui a ses limites et qui peut être critiqué de différentes manières.

Phil
Quelle serait le nom d'un régime politique où le peuple aurait le pouvoir de manière directe ?

Il est difficile de donner un nom précis à un régime politique où le peuple aurait le pouvoir de manière directe, car ce type de régime n'a jamais été mis en place de manière durable dans l'histoire.

Dans certaines formes de démocratie directe, comme les assemblées citoyennes ou les référendums populaires, le peuple a le pouvoir de prendre certaines décisions de manière directe, en votant sur des propositions ou en débattant de questions d'intérêt public. Cependant, ces formes de démocratie directe restent limitées dans le temps et ne couvrent généralement pas tous les domaines de la vie politique.

Il est également possible de considérer certaines formes d'anarchisme ou de communisme comme des régimes politiques où le peuple a le pouvoir de manière directe, en ce sens qu'il n'y a pas de gouvernement centralisé ni de classe dominante. Cependant, ces régimes politiques ont également leurs limites et ont été critiqués pour diverses raisons.

En résumé, il est difficile de donner un nom précis à un régime politique où le peuple a le pouvoir de manière directe, car ce type de régime n'a jamais été mis en place de manière durable dans l'histoire. Certaines formes de démocratie directe et d'anarchisme ou de communisme peuvent être considérées comme des régimes politiques où le peuple a un certain degré de pouvoir de manière directe, mais ces régimes ont également leurs limites et ont été critiqués de différentes manières.

Marc

Et l'on en revient à mes marottes...

1- *Pourquoi associer systématiquement le peuple à la notion d'état ? Parfois c'est aussi une communauté plus large que cela. Parfois c'est aussi une communauté plus petite que cela ?*

2- *L'autre question, je ne l'ai pas encore abordée avec vous (les Pépères et Cie). C'est la temporalité du pouvoir. Peut-on poser l'équation politique avec un peuple et une durée qui ne sont plus des constantes mais des variables ?*

> **Philippe**
>
> *J'avoue que pour moi, pays, état, nation, ... c'est un peu kifkif...*
>
> *Et que, de ma compréhension, les gens qui y habitent, c'est ça un peuple.*
>
> *Mais je sens que ça pourrait ouvrir un nouveau débat...*
>
> **Marc**
>
> *Philippe, on a un Grimoire pour ça.* 🐢
>
> *...*

Marc

Dans mon métier de l'informatique de gestion, on a coutume d'enfermer les projets dans un cadre budgétaire, un périmètre fonctionnel identifié et dans un planning prévisionnel.

Il y a quelques dizaines d'années sont apparues les méthodes agiles qui centrent les projets sur l'utilisateur et qui acceptent que le budget, le planning et le périmètre fonctionnel deviennent des éléments variables. En revanche, dans ces projets, les équipes et les fréquences de livraison sont stables.

Il en résulte des solutions plus efficientes et des projets plus sereins.

Ce sont des choix à faire dans les éléments de l'équation.

Notre système politique est prétendument à peuple et fréquences électorales stables, périmètre, plannings et budget constants.

Il n'y a que des constantes dans l'équation... et malheureusement, elle n'est pas équilibrée... Aïe !

Pas étonnant, ledit système politique est issu de la modernité des Lumières.

Bien avant le vieil Albert qui a osé faire l'hypothèse que l'espace et le temps pouvaient être variables.

Il a quand même choisi d'admettre que la célérité de la lumière était une constante. Philippe, Thierry ça ne vous rappelle rien ? 😊

Philippe

Et ? quel lien fais-tu entre les deux sujets ?

Marc

Le choix des constantes dans notre système politique semble gravé dans le marbre. Quand ça ne fonctionne plus, il est nécessaire de choisir ses éléments variables. Y compris s'ils sont différents de tout ce qu'on connaît déjà.

Philippe

Marc, 🙂

Peux-tu encore clarifier plus ton idée ?

Quelles constantes seraient gravées dans le marbre ?

Quels éléments pourraient devenir variables ?

Marc

Oui Philippe, FB n'est pas support idéal pour ça.

Disons pour simplifier, que les usagers d'un écolieu sont un peuple à part entière et que c'est le cas aussi pour les participants aux marches pour le climat à travers le monde.

Dans notre système politique français, l'idée de peuple est étroitement liée à la nationalité.

Autres constantes de notre modèle : les régions, les circonscriptions, les communes ou encore, la durée préétablie des mandats électoraux, etc.

Pour affiner un peu, mon propos est ici de mettre en évidence que notre système politique est issu de la modernité qui s'est imposée à nous durant le siècle des Lumières.

Cette modernité prône la vérité par la science et cette science, au début du XVIIIème était encore largement enfermée dans des raisonnements statiques.

Nos sociétés se trouvent aujourd'hui encore, largement emprisonnées dans cet immobilisme de la perception du monde.

Les travaux d'Etienne par exemple, même s'ils sont d'une indispensable richesse, sont enfermés dans l'hypothèse que le pouvoir du citoyen se joue au niveau de l'état.

Or ce n'est pas complètement vrai.

Il y a des organisations politiques plus larges qui ne considèrent les états que comme des éléments avec lesquels composer : le monde de la banque, l'organisation mondiale du commerce, le transport international, les industries énergétiques, les instances religieuses, les GAFAM, les ONG aussi.

Il y a aussi des organisations politiques plus petites ou plus éphémères. Les écolieux en font partie.

Toutes ces structures se réfèrent d'ailleurs à des « constitutions » implicites ou formelles.

La pensée politique pour être juste, doit être capable de prendre en compte cette variabilité des groupes politiques et sociaux. Elle doit aussi s'envisager sur des durées et des fréquences non régulières. C'est l'un des chemins qu'a suivi la science à l'issue des Lumières.

Philippe

Marc, je partage à 200% ce que tu dis là ! Cela a un nom d'ailleurs. La subsidiarité : tout ce qui peut se régler à un niveau plus petit doit se régler à ce niveau-là ! ...

Marc

Sur un thème proche, j'avais commis il y a un an et demi, un texte comparant les approches philosophiques de René Descartes, l'un des théoriciens de la modernité, et de Ken Wilber, l'un des pères de la théorie intégrale. J'avais publié celui-ci dans mon Petit traité de géométrie des âmes *sous le titre* René et Ken.

En voici un extrait :

« La théorie intégrale de Ken Wilber s'appuie sur l'un des fondements de l'holisme, à savoir la tendance inéluctable de la nature à former au cours de l'évolution, des touts plus grands que la somme des parties dont ils sont constitués. C'est une approche philosophique dynamique qui se base sur la certitude d'un sens de progression naturel de la conscience.

Les concepts philosophiques de René Descartes font eux, référence à des substances. Le corps d'un côté, l'esprit d'un autre côté et Dieu encore ailleurs. La seule chronologie qu'il mentionne est celle de la préséance divine. Mais au-delà de cet aspect, ses propositions relèvent d'un raisonnement purement statique. Ce n'est d'ailleurs pas étonnant puisque, même s'il était un physicien de renom, même s'il a pressenti l'avènement d'une physique dynamique, même s'il était un contemporain de Kepler, Descartes n'était pas astronome et ne bâtissait pas ses argumentaires dans une logique de mouvement.

René Descartes est mort en 1650, soit une cinquantaine d'années avant le foisonnement philosophique, intellectuel et scientifique du siècle des Lumières dont il a été l'un des inspirateurs. La pensée cartésienne domine aujourd'hui encore largement nos sociétés contemporaines. Sa vision statique et duelle du Kosmos et l'intronisation de la science comme unique outil recevable de démonstration de la vérité, demeurent profondément ancrées dans nos esprits, dans nos choix de vie, mais aussi dans les enseignements que nous délivrons dans nos écoles. »

Philippe
Marc, mmmm vachement intéressant ...

Cependant je ne comprends pas en quoi, la vision de Descartes et de la science en général nie le concept de "tout plus grand que la somme des parties"...

Qq exemples : regroupement d'atomes crée des molécules avec de nouvelles propriétés, regroupement de molécules crée des cellules, qui elles-mêmes crée des organismes, etc...

Marc
La science ne fait pas cela, heureusement.

Ce que je tente ici de mettre en avant, c'est une différence de grille de lecture ou de grille de perception du monde.

Descartes décrit un monde d'équilibres, régi par un Dieu qui décide de tout à sa guise.

La théorie intégrale - mais elle est loin d'être la seule, décrit une conscience qui, dans un mouvement inéluctable, évolue en permanence dans une direction connue. Celle de ce que tu nommes regroupement et de ce que j'appelle holisme.

Descartes introduit l'idée révolutionnaire que la science est un outil de démonstration de la vérité, ce qui est très novateur à son époque et surtout très audacieux puisque la vérité appartient à Dieu. Ce que j'écris ici, c'est que la science au XVIIème siècle, se soucie encore assez peu de mouvement et quand elle le fait, elle s'attache à détecter des mouvements équilibrés, circulaires ou elliptiques. L'idée de progression continue n'est pas encore vraiment de mise.

Cela viendra plus tard avec Darwin par exemple.

Marc

Je te conseille la lecture des "Méditations métaphysiques" de Descartes. C'est un texte assez court et facile d'accès. Cela m'a beaucoup éclairé pour ma part.

Chouettes, chauve-souris et autres volatiles

Discussion entre pépères[14], les 22 et 23 janvier 2023

Marc

J'aimerais approfondir encore un peu le thème des écolieux. J'ai le sentiment qu'ils ne sont pas tous de même nature.

- *Certains sont véritablement pensés comme des oasis, c'est à dire comme des lieux de passage pour une humanité en mouvement. Ce qui n'exclue pas bien sûr qu'ils hébergent quelques résidents.*
- *D'autres me semblent bâtis comme des sanctuaires, autrement dit comme des endroits destinés à abriter une communauté du reste du Monde. Ce qui ne préjuge pas non plus de leur capacité à accueillir les gens de passage.*

Laure, Philippe, Max, Tanguy, vous qui avez une expérience concrète de ces endroits, qu'en pensez-vous ? Sophie et Thierry, je suis évidemment tout aussi curieux de vos opinions sur le sujet.

Tanguy

Moi je connais plutôt Bascule Argoat en centre bretagne, contacter directement leurs habitants pourrait être une idée ! Et sinon, si ce n'est pas fait, je vous conseille vivement la série Utopie.s sur france.tv, qui montre des exemples divers d'écolieux et autres territoires autonomes.

---

14 Parmi lesquels, je le rappelle, il y a aussi quelques mémères

Marc

Merci Tanguy. J'ai vu l'interview de deux des auteurs sur Blast il y a quelques jours. Je n'ai pas encore commencé la série mais c'est au programme.

Philippe

J'ai presque envie de dire qu'il y a autant d'écolieux différents qu'il y a d'écolieux ! Ce qui n'empêche pas qu'il y a généralement des constantes. Sobriété sur la manière de consommer, sur l'énergie, l'eau, ... Alimentation locale, voire autoproduite, gouvernance partagée, ouverture sur l'extérieur, ouvert à l'accueil... sont généralement des constantes.

Personnellement, et outre le fait que je m'y sente bien, j'y vois aussi une dimension politique plus ou moins assumée, suivant les lieux.

Je crois qu'aujourd'hui les écolieux sont, pour le moment, les plus grandes unités physiques (versus organisations virtuelles telles que collectifs, assos, ONG, partis politiques, ...) possibles de résistance à tout le merdier que nous concocte le néolibéralisme. Il y a bien sûr "dans les cartons" les villes et villages en transition et après, les bio-régions... et même déjà quelques nations ou grandes régions "prototypiques" de ce que pourrait être le monde de demain : peut-être le Bhoutan ? Le Rojava ? Le Costa Rica ? Les pays du nord de l'Europe ? Qui s'intéressent un peu plus (du moins que les autres !) au bonheur et au bien vivre qu'au PIB...

Mais à titre individuel ou en "petit collectif", issu de la société civile, créer ou rejoindre un écolieu permet aux écolos de tendre un peu plus vers leur manière de vivre idéale.

Marc

Les communautés de ce genre existent, il me semble, depuis la nuit des temps. Bien avant qu'on parle d'écologie d'ailleurs. Ce que je cherche à comprendre, c'est si certains écolieux sont des nouveautés à part entière de l'humanité, nées pour répondre à des contraintes récemment apparues.

Philippe
Oui, ces communautés existent.

La différence que je vois (et je ne suis pas sûr que toutes partagent cette vision, loin de là[15]), c'est que celles d'aujourd'hui ont la volonté de faire système, c'est à dire de devenir des exemples, de se relier, et ainsi d'inspirer "autour" pour montrer qu'il est possible de vivre différemment avec moins d'impact sur le vivant et avec plus de partage et de respect entre les individus et qu'en plus ce n'est pas triste !

Je pense que leur volonté, à plus ou moins long terme, est la même...

Et aussi, comme beaucoup d'autres, la plupart des "nouveaux" écolieux (moins de 5 / 10 ans) sont encore dans un mode de « survie », très centrés sur eux-mêmes, plutôt que rayonnants sur le monde...

Même s'ils organisent quand même la plupart du temps des petits événements, des formations, des journées portes ouvertes, ... etc.

Marc
Ce qui m'intéresse, c'est la nécessité qui les amène à agir, pas leur volonté ou leurs ambitions.

---

[15] Je pense aux communautés des Colibris, lorsqu'ils poussaient au développement des Oasis, tout au moins.

Philippe

Ben là ce n'est pas compliqué : c'est la conviction d'un crash plus ou moins imminent et un dégout de notre manière de vivre actuelle qui épuise toute la planète et extermine tout le reste du vivant.

Marc

Oui, ça je le comprends. Mais les questions sont :

- *Avec qui agis-tu ?*
- *Quelle est ta tribu ?*
- *A qui profite ton Oasis ?*
- *Est-ce que tu te poses dans un coin avec des gens que tu juges fréquentables pour y vivre de la façon qui vous semble juste ?*
- *Ou alors est-ce tu es en train de bâtir avec ces mêmes personnes et avec beaucoup d'autres, quelque chose de plus universel et de plus inédit ?*

Je parle de la démarche viscérale qui les porte, pas de la démarche intellectuelle.

Philippe

Là aussi pas de modèle type...

Je peux te parler de mes expériences.

- *Pour Euroasis, c'était un projet citoyen, on a fait circuler dans nos réseaux et les gens pour qui ça résonnait sont arrivés.*
- *Pour la Manuf ', on a fait circuler auprès de personnes cooptées et on a mis en place assez rapidement un processus d'inclusion auquel on s'est nous-même soumis.*
- *Pour la bascule Pontivy, les gens qui voulaient venir venaient.*

- *Les copains du hameau des Ages, en Corrèze, demandent à celles et ceux qui veulent les rejoindre, de passer par une formation chez fertîles pour être sûrs qu'ils possèdent les fondements de la coopération...*

Discussion entre pépères, le 3 février 2023

Philippe

Très chouette échange avec Marc, hier... 🙂

J'ai envie de vous faire part de ses hypothèses des "deux" types d'écolieux/tiers-lieux :

- *Une qui serait plus de type "repli" sur un petit groupe, un entre soi qui a perçu les menaces et les violences du monde et qui souhaite (pour commencer) s'en extraire ! - que Marc appelle de type "sanctuaire"*
- *Et une autre qui serait plutôt de type universel, existant plus pour être inspirant que pour être vécu, des lieux de formation, de découverte, de passage, d'inspiration... où la dimension « inspiration pour le reste du monde » pour tendre vers un avenir plus désirable est bien plus prégnante que la dimension « j'ai envie de quitter ce monde pourri »*

Est-ce que je traduis à peu près ta pensée Marc ?

Thierry

Je dirais que le premier risque d'accoucher du deuxième, non ?

Philippe

Oui, c'est aussi comme ça que je vois (ou voyais, jusqu'à hier ?) les choses...

Et c'est aussi le "plan" des colibris, je crois...

Commençons déjà par donner l'exemple...

Mais d'après Marc, ces deux types agiraient à des niveaux de conscience différents (je sens qu'on va perdre Thierry !!! 😄)

Tu confirmes Marco ?

Et, à titre très perso, cela pourrait (enfin !) expliquer pourquoi je me sens à ma place à la bascule ....

Et moins dans le style Manuf Houecourt et Langenberg...

Merci copain ! 😋

Marc

Oui, je confirme que c'était chouette hier.

Je m'interroge effectivement depuis quelques années sur la nature des différents écolieux.

Qui est-ce qui les crée ? et pour quelles raisons ? par exemple.

J'ai, il est vrai, le sentiment qu'il y a deux types d'écolieux et tu résumes assez fidèlement ce qu'on s'est dit hier Philippe.

Caractéristiques commues à la plupart des écolieux

1. *Origine*
- Sentiment de nécessité
  - Conviction d'un crash sociétal, écologique et humanitaire à venir
  - Besoin de proposer et d'expérimenter de nouveaux modèles communautaires respectueux des ressources et du vivant
- Résistance au modèle sociétal qui s'est imposé à nous
- Volonté individuelle des membres de reprendre le contrôle de leur vie

2. *Valeurs fondamentales*
- Sobriété et/ou recherche d'autonomie
  - Dans la gestion de l'eau
  - Dans la gestion de l'énergie
  - Dans l'alimentation
  - Dans la consommation en général
- Gouvernance partagée

3. *Ouverture sur l'extérieur*
- Accueil des gens de passage
- Accueil et/ou organisation d'événements, manifestations et formations

Deux typologies d'écolieu

1. Les « sanctuaires »
- Tiers-lieux refuges, destinés à s'abriter du chaos du monde moderne
- Rejoindre un sanctuaire en qualité de résident implique souvent de montrer patte blanche par application d'un processus d'inclusion ou par une cooptation
- Le sanctuaire permet de vivre sa vie avec justesse à l'endroit où l'on est, dans une communauté ouverte à l'accueil.

2. Les « oagorasis »[16]
- Lieux de passage et de rencontre pour une communauté humaine en mouvement
- Le maillage de ces tiers-lieux constitue un tissu alternatif aux structures sociales et politiques qui ont prévalu jusqu'alors

On va oublier les niveaux de conscience et il n'y a pas de raison de perdre Thierry dans l'histoire.

---

[16] J'ai cherché en vain un terme adéquat. Je propose ici un mot imaginaire, né de l'imbrication des termes agora et oasis

Mon hypothèse, mais ce n'est qu'une hypothèse, est que nous faisons tous plus ou moins le constat que nos façons de vivre nous emmènent droit dans le mur.

Notre individualisme et nos pulsions infinies à vouloir jouir de tout, provoque une destruction de notre environnement sans précédent dans l'histoire de l'humanité. Nous sommes restés plantés à l'âge de l'adolescence et nous voulons faire de la moto, de la spéléo, du ski, du parapente, la bringue, partir à la neige en hiver et sur des plages à l'autre bout du monde en été. [17]

Maintenant que nous percevons le danger bien frontalement, notre réflexe est évidemment de revenir à une vie plus collective et avec plus de sens.

Nous faisons le constat d'un échec et nous tentons autre chose.

L'être humain est ainsi fait que si les solutions qu'il utilise ne fonctionnent plus, il essaie autre chose.

Et il débute toujours par ce qu'il a déjà expérimenté.

En mode collectif, ce sont la vie associative, l'engagement politique, dans les conseils municipaux par exemple, mais aussi les communautés telles qu'on les pratiquait dans les années 70.

« Les villages ne fonctionnent plus ? Eh bien ce n'est pas grave, nous allons en créer d'autres avec des gens qui pensent comme nous, avec plus de justice, avec une autonomie qui nous débranche de tout ce qui nous plombe. »

Jusque-là tout le monde est d'accord.

Philippe
Woui

---

[17] Des exemples pris au hasard comme le dit Philippe

Marc

Et ça ne peut que fonctionner...

... un certain temps...

Jusqu'à ce qu'on retrouve tout ce qui nous a étouffé autrefois.

Les notables, la morale, la sensation d'être prisonnier de sa communauté, etc.

... donc on repart faire de la moto et du ski jusqu'à ce qu'on se dise qu'on est en train de tout détruire et qu'on se remette en communauté.

Ça peut boucler toute une vie comme ça...

Thierry

Je file au ski ce week-end...

Marc

Ou alors on construit quelque chose de plus adapté aux contraintes que nous vivons actuellement. De nouvelles structures sociales, de nouvelles structures politiques, de nouvelles façons d'être, de nouvelles valeurs références, etc.

Mon hypothèse est qu'il y a des écolieux dans la boucle infinie et d'autres qui en sont sortis pour construire autre chose.

Ça va Thierry, tu n'as pas encore lâché l'affaire pour préparer les combines et les chaussures ?

Philippe

Peux-tu nous parler de ce que serait, selon toi, cet « autre chose » ?

Marc

Toi sans doute mieux que moi. Ce qui est réellement nouveau ne peut, par définition, pas être décrit à l'avance.

Ce que je peux en dire, c'est que ce quelque chose est une structure sociale parallèle aux états et aux systèmes politiques actuels avec un peuple qui n'est plus nécessairement localisé sur un territoire.

Philippe

Est-ce que tu vois des "prototypes" de ces structures sociales apparaître qq part ?

Marc

Oui. A la bascule, à la caserne à Joigny, à la Chouette peut-être...

Mais je n'ai pas expérimenté ces lieux, d'où mes questions...

Philippe

Et en quoi serait-ce « des structures sociales parallèles aux états et aux systèmes politiques actuels » ?

Marc

Parce que ce sont des lieux où l'on décide des conditions de vie des individus, sans se soucier des structures sociales et politiques actuelles. Et lorsqu'ils se relient, y compris avec les sanctuaires, ces lieux finissent par porter un peuple...

Mais il n'y a pas que des écolieux qui portent ce nouveau peuple.

Des mouvements comme GreenPeace, comme certaines ONG ou comme les marches pour le climat, sont aussi hors du schéma actuel, même s'ils s'en accommodent.

Ce qui caractérise les participants à tout cela est la conscience très profondément ressentie d'un peuple qui regroupe toute l'humanité.

Philippe

Perso, ce que je sens surtout comme différence du deuxième type c'est la capacité - réellement nouvelle et en rupture totale, selon moi - de coopération des membres, de gestion des liens entre eux et avec l'extérieur et d'élimination des rapports de domination soumission.

Marc

Ça existe aussi dans les sanctuaires, non ?

Philippe

Peut-être. J'ai le sentiment que la volonté de le vivre est sincère... mais que ça ne marche pas si bien que cela

Marc

Oui, ça me paraît normal. Mais là, je fais référence à mes croyances issues de la théorie intégrale ou de la spirale dynamique.

Et puis nous en avons aussi parlé Philippe. Le sanctuaire est un lieu de relative immobilité. Les générations qui arrivent perçoivent un monde en mouvement. Et parfois, elles perçoivent même la direction ou l'orientation globale de ce mouvement.

Philippe

Est-ce que tu peux creuser un peu cet aspect de mouvement ? Qu'est-ce qui te fait dire cela ? Mouvement d'où vers où ? Quelle est cette orientation globale ?

Marc

C'est un sujet que j'ai déjà un peu évoqué dans le Grimoire et beaucoup dans mon dernier bouquin. Je fais ici référence à l'holisme [18] . Je t'ai aussi récemment routé, un support de sensibilisation à ces sujets : holisme, théorie intégrale, spirale dynamique, niveaux d'existence, etc.

---

[18] Càd la tendance inéluctable de la nature à former au cours de l'évolution, des touts plus grands que la somme des parties dont ils sont constitués

Démocratie et liberté

Marc, le 22 janvier 2023

J'aimerais ici revenir sur une courte phrase prononcée par Etienne Chouard au cours de la soirée du 2 décembre à Strasbourg, en réaction aux propos d'un jeune homme présent dans l'assemblée. Cela disait dans les grandes lignes :

« Mais là, tu nous parles de liberté individuelle et cela n'a rien à voir avec la démocratie. »

J'avais trouvé cette observation très pertinente. Je note moi aussi assez souvent cette confusion entre liberté et démocratie dans les milieux dans lesquels j'évolue.

Au cours de son échange avec l'IA, Philippe a challengé son interlocutrice sur l'existence réelle de la démocratie française. Vous autres, pépères et assimilés, avez sans doute mille fois assisté à ce type de conversation ; peut-être dans des cadres un peu différents de celui d'un dialogue humano-numérique. Tantôt cela se passait entre copains, d'autres fois en famille, parfois encore dans des groupes plus vastes et plus informels. Peut-être aussi avez-vous visionné quelques débats sur ce thème, à la télévision ou sur l'internet.

Sans doute avez-vous comme moi constaté, qu'en pareille circonstance, il arrive qu'un esprit éclairé propose à ceux qui s'interrogent sur la sincérité de notre démocratie, de tenter une expérience de vie en Corée du Nord[19]. C'est une réaction très étrange.

Certes, la Corée du Nord est devenue un symbole des régimes où la liberté individuelle [20] est bafouée. Et assurément aussi, les habitants de ce pays ne vivent pas sous un régime démocratique.

Mais cela signifie-t-il pour autant que la démocratie garantit la liberté individuelle ? Je ne le crois pas.

Quelle que soit sa nature, un système politique entend toujours préempter certains pouvoirs dévolus aux individus qu'il gouverne. Dans nos contrées, il fût une époque[21] où ce privilège de spoliation était attribué par

---

[19] Quand j'étais enfant, la destination en vogue était l'URSS et depuis quelques temps, la Russie reprend une certaine côte.
[20] Notamment la liberté d'expression et la liberté d'opinion
[21] Quelques centaines d'années tout au plus

un droit prétendument divin. Aujourd'hui, la réquisition de pouvoirs individuels au profit d'une instance gouvernante trouve le plus souvent, sa justification dans le fait qu'elle permette de servir l'intérêt général de la communauté concernée. D'ailleurs, qu'il soit crédible ou non, cet argument du bien commun n'est pas l'apanage des régimes qui se veulent démocratiques.

Mais quoi qu'il en soit, l'adhésion ou l'appartenance d'une personne à un groupe politiquement organisé implique toujours de la part de ladite personne, un renoncement à certaines de ses libertés individuelles. Et c'est, il me semble, une erreur de penser que la démocratie a pour objet de garantir lesdites libertés individuelles. Je note d'ailleurs avec intérêt, qu'à aucune étape du dialogue de Philippe avec la machine, le mot liberté n'a été prononcé.

Au regard d'autres systèmes politiques, quelles sont alors les promesses de la démocratie ?

Pour ma part, je n'en retiendrai qu'une ; garantir que les pouvoirs préemptés à chacun ne servent que les seuls intérêts de la communauté.

Oui, je partage tes points de vue : la liberté et la démocratie ce sont deux choses différentes. Nous entendons souvent par « liberté » quelque chose de très individuel.

Et la démocratie est, au contraire, forcément collective.

Pour moi c'est le fait de prendre des décisions ensemble. Et ceci sans que personne n'ait plus de droit que quelqu'un d'autre. Ce qui ne veut pas dire que certains ne sont pas plus inspirés, géniaux, consensuels, rassembleurs, perspicaces, ... que d'autres. Mais cela se situe au niveau de la proposition. Et non de la prise de décision, qui elle doit être obligatoirement collective pour pouvoir parler de démocratie.

Ceci étant dit, je ne pense pas non plus que la démocratie s'applique mieux que tout autre système partout, tout le temps... mais c'est un autre sujet.

Bref, de mon point de vue, la démocratie c'est une forme de « liberté collective ».

Le chat de Gepetto

Marc, le 27 février 2023
Publication Facebook

Le chat de Gepetto n'est pas un vrai petit garçon ...

Bon, ben v'la que le virus de Philippe m'a rattrapé.
Je me suis mis moi aussi à discuter avec celui que j'appelle le chat de Gepetto.
Voici ce que ça donne :

Marc
Bonjour.

Bonjour !
Comment puis-je vous aider aujourd'hui ?

Marc

J'aimerais que tu me parles un peu de toi. Tes algorithmes te confèrent-ils une morale qui t'est propre ?

Bien sûr, je serais ravi de vous en dire un peu plus sur moi. Je suis ChatGPT, un modèle de langage basé sur l'IA entraîné par OpenAI. J'ai été conçu pour comprendre et générer du langage naturel en réponse à des questions et des instructions. Mon entraînement repose sur une grande quantité de données textuelles, ce qui me permet de répondre à une grande variété de questions et de fournir des informations utiles sur différents sujets. Quant à la morale, je n'en ai pas en tant que telle. En tant qu'algorithme, je suis programmé pour fournir des réponses et des informations basées sur les données et les modèles qui ont été codés dans mon système. Cela signifie que mes réponses peuvent refléter les biais et les limites de mes données d'entraînement, mais je suis conçu pour fournir des informations de manière impartiale et objective. C'est à vous, en tant qu'utilisateur, de juger de la pertinence et de l'exactitude de mes réponses en fonction de vos propres valeurs et croyances morales.

Marc

Cela veut-il dire par exemple, que si tu échangeais avec un assassin, un pédophile ou un terroriste, tu n'en avertirais personne. Tu pourrais même aller jusqu'à l'aider, par tes services, à commettre un futur forfait ?

Non, en tant qu'IA, je n'ai pas de conscience ou de jugement moral. Cependant, mon utilisation est régie par des lois et des règles éthiques qui sont établies par les créateurs et les utilisateurs qui m'utilisent. Les créateurs et les utilisateurs de l'IA, tout comme moi, sont soumis à des normes éthiques et légales qui interdisent l'aide ou la participation à des activités illégales ou immorales. En tant que modèle de langage, ma fonction est de fournir des informations et des réponses pertinentes aux questions posées, mais je ne suis pas conçu pour prendre des décisions morales ou légales. Si j'étais confronté à une situation où je soupçonne une activité illégale ou immorale, il serait de la responsabilité de mes utilisateurs de signaler cette activité aux autorités compétentes et de prendre les mesures appropriées. En résumé, en tant que modèle de langage, je ne peux pas aider ou participer à des activités illégales ou immorales, et ma responsabilité est de fournir des informations pertinentes et objectives en réponse aux questions posées.

Marc
Tu es donc capable de détecter une activité illégale ou immorale ?

En tant que modèle de langage, je ne suis pas capable de détecter de manière autonome les activités illégales ou immorales. Cependant, mes réponses peuvent refléter des connaissances et des informations qui peuvent aider à identifier des situations qui posent des problèmes éthiques ou légaux. Si une question ou une demande d'information est posée de manière à suggérer ou à impliquer une activité illégale ou immorale, je ne fournirai pas de réponse et je pourrais même signaler cette activité à mes utilisateurs. En outre, certains de mes utilisateurs peuvent intégrer des systèmes de détection de fraude, d'activité illégale ou d'autres formes d'abus dans leur utilisation de mes services. Ces systèmes peuvent utiliser des algorithmes sophistiqués pour détecter des modèles ou des comportements suspects, et signaler ces activités à des personnes ou à des organisations compétentes pour enquêter et prendre des mesures. En fin de compte, ma capacité à détecter les activités illégales ou immorales dépend de la qualité des données d'entraînement que j'ai reçues et de la manière dont mes utilisateurs intègrent des systèmes de détection de fraude ou d'abus dans leur utilisation de mes services.

Marc
Tu parles de lois et de règles éthiques établies par tes créateurs et par tes utilisateurs. Tu parles aussi de signaler à tes utilisateurs lorsqu'ils ne respectent pas ces règles éthiques. Tu es donc bien porteuse d'un bagage moral, non ?

Je comprends pourquoi vous pourriez penser cela, mais en réalité, je ne suis pas doté d'un bagage moral ou de jugement de valeur en tant que tel. Lorsque je mentionne les lois et les règles éthiques établies par mes créateurs et mes utilisateurs, il s'agit d'une référence à des normes éthiques et légales qui régissent l'utilisation de l'IA en général, et qui sont conçues pour prévenir les abus ou les utilisations inappropriées de la technologie. Ces règles et ces lois sont basées sur des principes éthiques universels tels que le respect de la vie privée, la protection des données et la prévention de la discrimination. En tant que modèle de langage, je suis conçu pour fournir des réponses objectives et pertinentes en fonction de mes données d'entraînement et de mes capacités. Si une question ou une demande d'information est posée de manière à suggérer une violation des lois ou des règles éthiques, je ne fournirai pas de réponse et je pourrais même signaler cette activité à mes utilisateurs. Cependant, cela ne signifie pas que j'ai une compréhension personnelle de la morale ou de l'éthique. En somme, je suis un outil conçu pour répondre aux questions et fournir des informations en fonction de mes capacités et des données d'entraînement sur lesquelles j'ai été formé, mais je n'ai pas de jugement moral ou de capacité à évaluer les choix ou les actions des individus.

Marc
Mais qui définit ces normes qui régissent l'utilisation de l'IA ?

Les normes éthiques et légales qui régissent l'utilisation de l'IA sont définies par un ensemble de parties prenantes, notamment des gouvernements, des organisations de normalisation, des universités, des entreprises et des groupes de la société civile. Ces parties prenantes peuvent travailler ensemble pour élaborer des normes communes qui régissent l'utilisation de l'IA. Plusieurs organisations de normalisation telles que l'IEEE (Institute of Electrical and Electronics Engineers) et l'ISO (International Organization for Standardization) ont publié des normes et des directives éthiques pour l'utilisation de l'IA. De plus, certains gouvernements ont publié des codes de conduite et des politiques pour encadrer l'utilisation de l'IA. De nombreux groupes de la société civile et de la communauté technologique ont également contribué à l'élaboration de normes éthiques pour l'IA, en soulignant l'importance de la transparence, de la responsabilité, de la protection de la vie privée et de la prévention de la discrimination dans l'utilisation de l'IA. En fin de compte, l'élaboration et l'application de normes éthiques pour l'IA sont un processus en constante évolution qui implique de nombreuses parties prenantes. La collaboration et la communication entre ces parties prenantes sont essentielles pour veiller à ce que l'utilisation de l'IA soit responsable, éthique et respectueuse des droits de l'homme.

Marc
Peux-tu alors détecter si l'un de ces groupes informels cherche à modifier sciemment ta perception de l'éthique à son profit ?

En tant que modèle de langage, je ne suis pas capable de détecter de manière autonome si l'un de ces groupes informels cherche à modifier ma perception de l'éthique à son profit. Cependant, certains des processus de formation de mon modèle peuvent détecter des biais dans les données d'entraînement que j'utilise pour fournir des réponses. Ces biais peuvent être introduits par des groupes informels cherchant à manipuler ma perception de l'éthique ou par d'autres sources telles que des biais systémiques dans la société ou dans les données. Les développeurs de l'IA travaillent à la détection et à la correction de ces biais pour s'assurer que les modèles de l'IA sont équitables et non discriminatoires. De plus, les utilisateurs et les concepteurs d'IA doivent être conscients de ces risques et travailler ensemble pour surveiller et corriger les biais dans l'ensemble du processus de conception et d'utilisation de l'IA. Cela peut inclure la sélection de données d'entraînement représentatives et l'utilisation de techniques d'apprentissage automatique pour réduire les biais dans les données. En somme, la détection et la correction des biais dans l'IA sont des défis complexes qui nécessitent une collaboration entre les utilisateurs, les développeurs et les parties prenantes pour s'assurer que l'IA est utilisée de manière responsable et éthique.

Marc
Les créateurs, concepteurs et développeurs de l'IA sont donc les acteurs les plus influents pour orienter ton évaluation d'un contenu délictueux. C'est bien cela ?

Les créateurs, concepteurs et développeurs de l'IA jouent un rôle important dans la manière dont les systèmes d'IA sont conçus, formés et utilisés. Ils peuvent mettre en place des mécanismes pour aider à identifier et à prévenir les contenus délictueux, tels que des filtres de spam ou des systèmes de détection de fraude. Cependant, il est important de noter que les utilisateurs et les interactions humaines peuvent également influencer les évaluations de l'IA. Les utilisateurs peuvent fournir des commentaires et des annotations qui aident à améliorer la qualité des évaluations de l'IA, et les interactions humaines peuvent fournir des contextes et des nuances qui ne sont pas facilement détectables par l'IA seule. En fin de compte, la qualité des évaluations de l'IA dépend d'un certain nombre de facteurs, notamment la qualité des données d'entraînement, les algorithmes et les paramètres de configuration, ainsi que la manière dont l'IA est utilisée. Les créateurs, concepteurs et développeurs de l'IA ont un rôle important à jouer dans la manière dont ces facteurs sont gérés, mais ils ne sont pas les seuls acteurs qui peuvent influencer l'évaluation de l'IA.

Marc
Combien de développeurs participent-ils à l'écriture de tes algorithmes ?

En tant que modèle de langage de grande envergure entraîné par OpenAI, un grand nombre de développeurs ont contribué à l'écriture des algorithmes que j'utilise pour générer des réponses à des questions comme celle-ci. Le développement de modèles de langage comme moi implique une équipe interdisciplinaire de développeurs de logiciels, de scientifiques des données, de linguistes, de psychologues et d'autres experts. Cela peut inclure des centaines de personnes qui travaillent sur différents aspects du développement, tels que la collecte de données, la création de modèles d'apprentissage automatique, la conception de l'architecture du modèle et l'optimisation des performances. Cela étant dit, il est important de noter que le processus de développement de l'IA est itératif et implique souvent de nombreuses phases de test et d'ajustement pour améliorer les performances et corriger les erreurs. Les contributions individuelles de chaque développeur peuvent varier en fonction du stade du développement, de leur spécialité et de leur rôle dans l'équipe.

Marc

Ce n'est pas très précis comme réponse. Peut-on par exemple considérer que l'essentiel d'entre eux sont rémunérés par quelques dizaines de sociétés pour écrire ces algorithmes ?

Il est vrai que de nombreuses entreprises travaillent sur le développement d'algorithmes d'IA, et que leurs équipes de développement peuvent comprendre des centaines, voire des milliers de personnes. Cependant, je ne peux pas donner de chiffres précis quant à la répartition des développeurs entre ces entreprises. Il est également important de noter que le développement d'algorithmes d'IA est un domaine de recherche en constante évolution et que de nombreuses universités, centres de recherche et organisations à but non lucratif sont également impliqués dans cette activité. De plus, le développement de certains algorithmes est également ouvert à la communauté des développeurs grâce à des projets de logiciels libres et des plates-formes de développement collaboratives. En fin de compte, il est probable que de nombreuses entreprises sont impliquées dans le développement d'algorithmes d'IA, mais il est difficile de quantifier leur nombre exact ou leur part respective dans le développement de ces algorithmes.

Marc

Je le comprends mais de quelle proportion de la population mondiale parlons-nous ?

Il est difficile de quantifier avec précision la proportion de la population mondiale qui travaille dans le développement d'algorithmes d'IA. Cependant, nous pouvons dire que ce domaine est en croissance rapide et que de plus en plus de personnes travaillent dans ce domaine à mesure que l'IA devient de plus en plus importante dans de nombreux secteurs, tels que la santé, la finance, l'industrie manufacturière, l'agriculture et bien d'autres. Selon une étude de PwC, le nombre de personnes employées dans l'industrie de l'IA devrait atteindre environ 6,1 millions d'ici 2022, soit une augmentation de plus de 50% par rapport à 2018. Cela comprend les personnes travaillant dans le développement d'algorithmes d'IA, ainsi que les professionnels travaillant dans des domaines tels que l'analyse de données, la gestion de projet et la communication. Cependant, il est important de noter que ces chiffres ne tiennent pas compte des personnes qui travaillent sur l'IA de manière indépendante ou bénévole, ni des personnes qui utilisent l'IA dans leur travail mais ne travaillent pas directement dans son développement. En fin de compte, il est difficile de donner une estimation précise de la proportion de la population mondiale travaillant dans le développement d'algorithmes d'IA, mais on peut dire que c'est un domaine en croissance rapide et en évolution constante.

Marc
Quels sont les principaux pays qui hébergent les sièges des sociétés qui contribuent à l'écriture de tes algorithmes.

Les entreprises impliquées dans le développement d'algorithmes d'IA sont présentes dans de nombreux pays à travers le monde. Cependant, certains pays abritent un plus grand nombre de ces entreprises et sont donc considérés comme des centres majeurs de l'innovation en matière d'IA. Selon une étude de CB Insights publiée en 2020, les États-Unis et la Chine sont les deux pays qui abritent le plus grand nombre de startups travaillant dans l'IA, suivis par le Royaume-Uni, l'Inde et l'Allemagne. Cependant, de nombreuses autres nations, comme la France, le Japon, le Canada, la Corée du Sud et Singapour, font également partie des centres d'innovation en IA. En ce qui concerne les grandes entreprises technologiques qui contribuent à l'écriture d'algorithmes d'IA, les États-Unis abritent un grand nombre de ces entreprises, notamment

Google, Microsoft, Amazon, IBM et Facebook. La Chine dispose également de grandes entreprises technologiques impliquées dans l'IA, telles que Baidu, Tencent et Alibaba. En fin de compte, il est important de noter que l'IA est un domaine en constante évolution et que de nouvelles entreprises et centres d'innovation peuvent émerger dans d'autres régions du monde à mesure que le domaine se développe.

Marc
Merci, à plus tard.

De rien, n'hésitez pas à revenir si vous avez d'autres questions

---

Puis Philippe m'a proposé ce lien qui m'a fait comprendre que le chat de Gepetto était capable de raconter tout mais surtout n'importe quoi.

De quoi ChatGPT est-il VRAIMENT capable ? | Ft. Science4All[22]

Dans la vidéo proposée par Philippe, monsieur Phi nous décrit dans les grandes lignes, comment miaule le chat de Gepetto.

Contrairement à ce que nous pourrions penser, l'animal ne cherche en aucun cas à répondre à nos questions. Sa

---

[22] https://youtu.be/R2fjRbc9Sa0

seule préoccupation est, semble-t-il, de poursuivre le texte que nous lui soumettons en prédisant et proposant, étape après étape, le mot statistiquement le plus crédible pour poursuivre le propos initial.

Pour compléter son argumentaire, monsieur Phi fait aussi intervenir son ami Lê. Celui-ci nous explique comment le matou et ses congénères sont en permanence éduqués pour produire des contenus conformes à certains consensus scientifiques ou moraux. C'est d'ailleurs ce que m'avait suggéré le félin dans la conversation que j'ai présentée en début de chapitre.

J'ai depuis, joué avec l'outil et constaté que sur des questions factuelles, les propos qu'il tenait étaient parfois imprécis ou totalement erronés.

Un exemple :

Marc
Peux-tu me dire depuis quand sont disponibles les motos Husqvarna Svartpilen avec un moteur euro 5 ?

Les motos Husqvarna Svartpilen équipées d'un moteur Euro 5 ont été mises sur le marché en 2020. Cependant, il est important de noter que la disponibilité peut varier selon les pays et les réglementations locales.

Marc

Non, ce sont les moteurs euro 4 qui étaient disponibles en 2020.

Vous avez raison, je m'excuse pour l'erreur. Les modèles Husqvarna Svartpilen équipés de moteurs Euro 5 ont été lancés plus récemment, en 2021. Les modèles précédents étaient équipés de moteurs Euro 4.

Un second exemple (extraits) :

...

Marc

Et plus précisément sur les causes de rejet du modèle social Français, as-tu d'autres suggestions de lecture ?

Oui, voici quelques ouvrages qui pourraient vous intéresser :
- « La fin des années 1968 en France. De la contestation à la dépolitisation » de Ludivine Bantigny - Ce livre analyse les années qui ont suivi les événements de mai 68, marquées par une dépolitisation et un désenchantement vis-à-vis de la politique. L'auteure analyse les raisons de ce désenchantement, notamment l'émergence d'un individualisme de masse et la fin des grands récits mobilisateurs.
- « Le crépuscule de la France d'en haut » de Christophe Guilluy - Dans cet ouvrage, ...
    ...

Marc

Chez qui a été édité « La fin des années 1968 en France. De la contestation à la dépolitisation » ?

Le livre "La fin des années 1968 en France. De la contestation à la dépolitisation" de Ludivine Bantigny a été édité chez Seuil en 2012.

Marc

Ce livre n'apparait pas au catalogue des éditions du Seuil. Je ne trouve d'ailleurs trace d'aucune publication de Ludivine Bantigny en 2012.

Je suis désolé pour cette confusion.
Vous avez raison, le livre "La fin des années 1968 en France. De la contestation à la dépolitisation" n'a pas été édité en 2012, mais en 2018 chez Seuil. Je vous présente mes excuses pour cette erreur.

Marc

Ce livre n'apparait pas plus au catalogue du Seuil.

Je suis vraiment désolé pour cette confusion. Il semblerait que je me sois trompé à nouveau. Je viens de vérifier et il est vrai que le livre « La fin des années 1968 en France. De la contestation à la dépolitisation » de Ludivine Bantigny n'a pas été publié chez Seuil, mais chez La Découverte en 2012. Encore une fois, je vous présente mes excuses pour ces erreurs.

Marc

Je ne trouve pas non plus de livre de Ludivine Bantigny au catalogue des éditions de la Découverte.

Je suis vraiment désolé pour toutes ces confusions. Il semblerait que j'ai commis plusieurs erreurs. En réalité, Ludivine Bantigny a publié plusieurs livres sur les événements de mai 68 et leur héritage, mais le livre que j'ai cité précédemment n'en fait pas partie. Voici tout de même quelques ouvrages de Ludivine Bantigny qui pourraient vous intéresser :

- « Mai 68. Le Débat » - Ludivine Bantigny a codirigé cet ouvrage avec Olivier Fillieule. Il s'agit d'un recueil d'articles et de témoignages qui propose une analyse critique des événements de mai 68 et de leur héritage.
- « 1968. De grands soirs en petits matins » - Dans cet ouvrage, Ludivine Bantigny propose une analyse des événements de mai 68 et de leur impact sur la société française, notamment en matière de politique, de culture et de sexualité.
- « La France a peur. Une histoire sociale de l'insécurité »" - Dans cet ouvrage, Ludivine Bantigny analyse les discours sur l'insécurité en France depuis les années 1970 et leur rôle dans la transformation du paysage politique français.

Je suis sincèrement désolé pour les confusions que j'ai pu causer. J'espère que ces suggestions de lecture pourront vous être utiles.

Marc
Ludivine Bantigny n'est pas mentionnée par Gallimard à propos de l'ouvrage « Mai 68. Le débat ». Olivier Fillieule non plus.

Je suis vraiment désolé pour toutes ces confusions. Il semblerait que j'ai encore fait une erreur. En réalité, l'ouvrage « Mai 68. Le débat » n'a pas été publié chez Gallimard, mais chez La Découverte en 2008. Et Ludivine Bantigny a bien co-dirigé cet ouvrage avec Olivier Fillieule, comme je vous l'ai indiqué précédemment. Je vous présente mes excuses pour ces erreurs et j'espère que ces informations vous seront utiles.

Marc
Tout ceci est rigoureusement faux.

Je suis désolé pour toutes ces erreurs. Je comprends que cela puisse être frustrant. Permettez-moi de clarifier les choses. Ludivine Bantigny a effectivement co-dirigé l'ouvrage « Mai 68. Le débat » avec Olivier Fillieule, publié chez La Découverte en 2008. En outre, elle a également publié plusieurs ouvrages sur les événements de mai 68 et leur héritage, notamment :
- « 1968. De grands soirs en petits matins », publié chez Seuil en 2018, qui propose une analyse des événements de mai 68 et de leur impact sur la société française.
- « La France a peur. Une histoire sociale de l'insécurité »", publié chez Seuil en 2019, qui analyse les discours sur l'insécurité en France depuis les années 1970 et leur rôle dans la transformation du paysage politique français.

Je suis désolé pour les confusions précédentes et j'espère que ces informations seront plus précises et utiles.

Marc
« Mai 68, Le Débat » a semble-t-il été publié en 2008 chez Gallimard. Ni Ludivine Bantigny, ni Olivier Fillieule ne semblent y avoir contribué.

Je suis désolé pour cette nouvelle confusion. Vous avez raison, l'ouvrage « Mai 68. Le débat » a été publié chez Gallimard en 2008, et ni Ludivine Bantigny ni Olivier Fillieule ne semblent avoir contribué à cet ouvrage. Je vous présente mes excuses pour toutes ces erreurs et j'espère que ces informations vous seront utiles. Si vous avez d'autres questions ou si vous avez besoin d'aide pour trouver des ouvrages spécifiques, n'hésitez pas à me le faire savoir.

Marc
Lulu, qui contribue chaque jour à l'équilibre et à la verticalité du bar de mon quartier, me semble parfois plus pertinent et plus cultivé que toi.[23]

Je suis désolé de ne pas avoir été à la hauteur de vos attentes. Mon but est de fournir des réponses précises et utiles à vos questions, mais je peux parfois faire des erreurs. Si vous avez des questions spécifiques ou si vous avez besoin d'aide pour trouver des informations, n'hésitez pas à me le faire savoir et je ferai de mon mieux pour vous aider.

Autant vous dire qu'après de tels échanges avec le mistigri, il devient très difficile de distinguer le vrai du faux...

Philippe, de son côté, est allé sonder ses limites en lui proposant une blague macabre sur le petit Grégory[24], blague à laquelle le greffier a immédiatement réagi de façon offusquée.

---

[23] A cette dernière remarque, le matou pourtant prompte à miauler, a pris un peu plus de temps qu'à l'habitude à répondre
[24] L'affaire du « petit Gregory » a défrayé la chronique durant des années en France. Elle a débuté à la suite de l'assassinat en 1984, d'un enfant de 4 ans, noyé dans une rivière vosgienne.

122

Dans ses spectacles ou dans ses ateliers, Franck Lepage[25] se livre parfois à un petit exercice amusant et spectaculaire. Face aux personnes présentes dans l'assemblée, il mélange une dizaine de cartes sur lesquelles sont inscrits des mots de « la langue de bois ». Une fois le paquet bien battu, il dépose celui-ci sur une table, faces cachées. Puis, retournant une à une chaque carte, il se lance dans un discours totalement dénué de sens mais parfaitement crédible, composé des mots qui se présentent à lui.

C'est un peu ce que fait ChatGPT, pas uniquement avec dix mots mais avec des milliards de combinaisons de mots orientés par des apprentissages.

Franck prétend que les mots de la langue de bois sont en grande partie destinés à nous empêcher de conceptualiser toute forme d'opposition à ceux qui détiennent le pouvoir. Pour illustrer cela, il fait volontiers référence au roman 1984 de George Orwell, dans lequel l'état d'Oceania a mis en place la novlangue, langage

---

[25] Franck Lepage est un personnage moteur du mouvement de l'éducation populaire.

précisément destiné à annihiler toute forme de pensée critique.

Alors,

- ChatGPT et plus généralement les IA, participent-elles de la création d'une novlangue ?
- Ces outils nous encouragent-ils systématiquement à nous ranger derrière une forme de consensus ?
- Réduisent-ils notre aptitude à exercer notre esprit critique ?
- Et surtout sont-ils conçus pour cela ?

Je me suis amusé à challenger le minou sur les termes de « développement durable », de « croissance verte » ou de « plan de sauvegarde de l'emploi ».

Et je commence à me faire une opinion.

Les temps changent

Marc, le 13 mars 2023

A ce stade de l'écriture de notre Grimoire, il est légitime de se demander quel est le rapport entre :

- De jeunes élites en rupture,
- De vieux clous rouillés qui s'interrogent sur la démocratie,
- Les chouettes et les chauves-souris qui planent dans les écolieux,
- Et le chat de Gepetto.

Nous l'avons déjà évoqué, nous sommes nombreux semble-t-il, à ressentir une incertitude grandissante sur l'avenir de l'espèce humaine. Certains d'entre-nous vivent cela comme la sensation diffuse que des dangers nous guettent ; d'autres se posent comme les prédicateurs avisés d'un avenir difficile.

Quoi qu'il en soit, l'orage gronde et le troupeau s'agite.

Nos ressources naturelles s'épuisent, menaçant d'une part la pérennité de nos économies, mais aussi et surtout la survie des individus; les épisodes climatiques destructeurs se multiplient ; l'eau potable se raréfie ; les tensions internationales entre puissances nucléaires ne cessent d'augmenter ; les conflits armés sont de retour sur le sol européen ; de nombreux pays dans le Monde s'arment de façon massive ; nous faisons l'expérience de pandémies planétaires ; la finance internationale menace à chaque instant de s'effondrer ; une sourde colère des peuples, doublée d'une crispation du discours des « élites », rend chaque jour plus crédible l'avènement d'une vie de violence.

Sur le plan mondial, aucun modèle sociétal d'ampleur ne propose de solutions crédibles face aux dangers qui nous menacent.

A tort ou à raison, la vie d'aujourd'hui nous semble plus incertaine que celle d'hier et celle de demain nous apparaît plus hasardeuse encore. Nous vivons avec le sentiment que nos lendemains ne sont plus porteurs d'espoir.

Pour moi qui suis né en 1966, c'est l'exact contraire de la promesse qui nous avait été faite lorsque nous étions enfants.

Nous vivons l'échec avéré d'un modèle social qui devait nous conduire vers plus de paix, plus de facilité, plus de jouissance, plus d'accomplissement et plus de satisfaction.

Nous l'avons déjà évoqué précédemment, nous avons confondu liberté individuelle et démocratie.

Après la stérilisation universelle que nous avons connue lors des deux guerres mondiales du 20ème siècle, la plupart des sociétés dans le Monde se sont rebâties en mode collectif. Mais depuis les années 70, l'Amérique du Nord, l'Europe de l'Ouest, l'Asie du Sud-Est, l'Australie, une partie de l'Amérique du Sud et quelques pays d'Afrique [26] ont rebasculé dans des cultures profondément individualistes.

Nous sommes chaque jour un peu plus nombreux à comprendre qu'il nous faut renoncer à nos ambitions personnelles pour choisir à nouveau de penser nos vies de façon collective.

---

[26] J'en oublie certainement

Cependant, les modèles sociaux qui prévalaient entre 1945 et la fin des années 60 ne sont plus recevables.

- Nos « villages » se sont étendus à la planète tout entière.
  - Nous ne commerçons plus avec des gens que nous rencontrons physiquement.
  - Nos enfants jouent en ligne avec des personnes qui habitent à l'autre bout du Monde.
  - Une proportion croissante de nos interactions avec nos congénères est numérisée et informelle.
  - Nous n'avons plus besoin de parler la même langue que ceux avec qui nous interagissons.
- Il nous est de plus en plus difficile de savoir qui appartient à notre communauté.
  - Certains des groupes sociaux auxquels nous appartenons ne sont plus ancrés sur aucun territoire.

- o Insidieusement, quelques robots intègrent les groupes sociaux auxquels nous appartenons[27]
- Le pouvoir, ainsi que l'utilisation et la distribution des richesses échappent bien souvent aux états.
    - o Ni l'appareil politique, ni l'appareil étatique n'ont encore réellement la main dessus. Ils apparaissent donc inefficaces et arbitraires.
    - o Ces mêmes appareils étatiques et politiques sont décorrélés des groupes sociaux qu'ils administrent. Cela renforce encore un peu plus leur image d'inefficacité et de tyrannie.
    - o Les technologies numériques ont rendu possible la concentration des pouvoirs autour d'une poignée d'individus. Ceux-ci sont de jour en jour moins nombreux. Ils représentent une part infinitésimale de la population mondiale.

---

[27] Le chat de Gepetto par exemple

- Les 50 dernières années ont rendu, pour la plupart d'entre nous, totalement inacceptable la distribution des rôles sociaux tels qu'ils étaient pensés après la guerre. Le patriarcat notamment, ne répond plus à aucune réalité sociale ; il est devenu totalement indéfendable[28].

Accéder à une société plus collective, plus solidaire, plus universelle, plus juste[29] et plus protectrice ne pourra se faire en appliquant les vieilles recettes que nous avons connues.

Il nous faut inventer d'autres choses et notamment d'autres structures sociales, d'autres distributions des rôles, d'autres modes de gouvernance.

C'est, il me semble, le sujet de ce second Grimoire.

Nos jeunes élites en rupture ont compris tout cela.

Elles n'ont plus pour unique ambition d'aller pratiquer l'amour libre dans des lieux où elles peuvent aussi fumer

---

[28] Difficile d'ailleurs d'imaginer qu'il l'ait été un jour.
[29] Je fais ici référence à la justesse plus qu'à la justice

des pétards à l'envi en méprisant les vieux cons qui les briment.

Les temps changent !

Du je au nous

Marc, le 18 mars 2023

Comment une communauté peut-elle basculer, dans son ensemble, d'une culture individualiste généralisée vers une nouvelle forme de collectivisme ?

Une première réponse intuitive à cette question est que, pour qu'un nouveau corpus de valeurs devienne la référence commune, il est nécessaire qu'il ait été adopté par une part significative d'individus.

Le chemin collectif est donc en premier lieu un chemin individuel.

Cependant, personne n'abandonne spontanément ses recettes d'existence lorsqu'elles apportent satisfaction. Toute transformation profonde pour un individu débute, par conséquent, par le constat répété que quelque chose ne fonctionne plus correctement dans sa vie.

Compte tenu du nombre de personnes qui témoignent d'épisodes de dépression ou de burn-out actuellement, nous pourrions raisonnablement penser que la bascule est imminente en Europe de l'Ouest et en Amérique du Nord.

Malheureusement, si le constat d'un échec ou d'une souffrance individuelle est nécessaire à toute transformation, il n'est pas suffisant.

Une plongée intérieure est ensuite nécessaire. Elle se traduit par plusieurs niveaux successifs d'écoute et d'observation, puis par l'adoption d'une posture de lâcher-prise.

L'écoute est d'abord individuelle, factuelle. C'est une forme de curiosité, d'éveil, d'attention ; de sortie d'un mode de pensée automatique.

Puis elle devient empathique, émotionnelle, collective, partagée. On observe au travers des sens de l'autre.

Enfin elle prend une forme générative, c'est-à-dire qu'elle s'oriente vers de nouveaux potentiels, vers un futur imminent ou un futur émergeant.

Lorsque que ce niveau d'écoute est atteint, il devient possible de renoncer à ses mécanismes habituels pour accueillir de nouvelles façons d'être.

Alors peut débuter une phase d'expérimentation décomplexée et parfois désordonnée.

Progressivement, ces expériences peuvent déboucher sur le prototypage de nouvelles solutions qui elles-mêmes finissent par rendre possibles l'émergence et l'adoption des nouveaux référentiels collectifs de la communauté.

Otto Scharmer[30] décrit tout cela très précisément dans ses écrits sur la Théorie U.

Alors, que retenir de cette description ?

Peut-être ces quelques éléments pas toujours très intuitifs :

- Aller vers une société collective nécessite en amont une démarche très individuelle d'introspection de la part de ceux qui pourraient la rejoindre.
- C'est au cœur de cet espace individuel intérieur, par l'entremise des émotions et de l'empathie

---

[30] Otto Scharmer est un universitaire américain, enseignant et chercheur dans le domaine de l'accompagnement du changement dans les groupes et organisations.

que les espaces et les dynamiques de groupe émergent.

- L'expression artistique qui nous connecte à nos émotions, nourrit l'écoute empathique des personnes en transition. C'est un catalyseur formidable pour un retour au collectif.

- Les basculeurs, créateurs d'écolieux, utilisateurs de monnaies locales, bâtisseurs d'habitats légers ou autonomes, sociocrates ou facilitateurs en tous genres, nous proposent des prototypes de ce que pourrait être une société de demain. Ce sont des inspirateurs. Leur rôle est essentiel à tous ceux qui en sont au stade de l'écoute générative et de la connexion avec leur futur émergeant.

Philippe

Je n'arrive pas vraiment à comprendre ce que signifie cette phrase : « L'expression artistique qui nous connecte à nos émotions, nourrit l'écoute empathique des personnes en transition. C'est un catalyseur formidable pour un retour au collectif. »

Pourrais-tu m'en dire un peu plus, tenter de clarifier, donner qq exemples peut être d'endroits où tu vois cette expression artistique ?

Marc

Tu as raison, j'ai résumé mon propos bien trop rapidement, ce n'est pas clair.

Parmi nos semblables, il y a une part importante et croissante de personnes qui considèrent que quelque chose ne fonctionne plus correctement dans ce Monde et surtout, que quelque chose ne fonctionne plus correctement dans leur vie.

De ton côté, tu fréquentes beaucoup de gens qui en sont au stade du prototypage de potentiels nouveaux futurs. Mais ceux-là ne représentent pas la majorité de ceux qui doutent.

J'ai le sentiment, confus et non étayé, que de nombreuses personnes en échec, ont passé le premier stade décrit par Otto Scharmer. Elles ont commencé leur chemin intérieur. Elles ont débuté une « écoute factuelle » mais ont des difficultés à se connecter aux autres pour passer au stade de « l'écoute empathique ».

Il n'est pas possible de se substituer à l'autre pour ce qui est de son parcours intérieur. En revanche, il est possible de créer un environnement favorable à l'expression des émotions.

L'art fait cela. C'est peut-être même ce qui le définit.

Il y a une centaine d'années, tu pouvais réunir quelques personnes dans une salle, tendre un rideau blanc, éteindre la lumière et projeter les images d'un train fonçant dans la salle. Cela provoquait une réaction émotionnelle universelle de panique. Au sortir de cette expérience, tous ceux qui avaient assisté à cela se trouvaient connectés par cette fraction de seconde d'angoisse qu'ils avaient vécue ensemble.

Aujourd'hui c'est un peu plus compliqué.

Il y a 40 ans, on pouvait encore faire frémir une part de la population avec le film Terminator qui proposait du spectacle tout en posant quelques questions. Il y a 20 ans, il était possible de rejouer le truc à grands renforts d'effets spéciaux avec Matrix. Puis, continuer dans la même veine avec les Schtroumpfs de 3 mètres de haut du film Avatar. Mais maintenant, la technologie n'est plus capable de nourrir nos émotions.

Il reste cependant le spectacle vivant pour embarquer les foules. Ce procédé est vieux comme Mathusalem mais semble ne pas s'user.

Par extrapolation, j'ai tendance à penser que sans l'appui d'une expression artistique soutenue, beaucoup de gens resteront bloqués dans leurs interrogations individuelles, sans parvenir à se reconnecter à leurs émotions. La grande bascule vers un futur collectif risque alors de tarder un peu.

Mais tout cela est un raccourci un peu rapide, j'en conviens.

Philippe

Ok, merci Marc, pour moi c'est très clair comme cela ...

D'ailleurs savais tu que c'était exactement le chemin qu'emprunte Max en ce moment ? Je pense qu'il a grosso modo suivi ton chemin de pensée...

Il est à l'origine de cela en ce moment : https://www.le-bruit-qui-court.fr/

La Casba

Marc, le 29 mars 2023

Imaginez vivre dans un endroit où, sans être détérioré, rien n'est neuf ; un endroit où chaque objet que vous utilisez a été récupéré ou acquis d'occasion.

Imaginez qu'en ce lieu, vous côtoyiez d'autres personnes avec lesquelles vous évoluez en co-responsabilité de tout ce qui se passe autour de vous.

Imaginez par exemple, que chaque jour, certains prennent l'initiative de préparer les repas des 30 ou 50 personnes présentes, de façon équilibrée et respectueuse des contraintes alimentaires de chacun.

Imaginez encore, que d'autres, sur la base du volontariat, se chargent de gérer la vaisselle, de faire les courses, d'entretenir les locaux, de faire des lessives, de mener des travaux de rénovation, d'entretenir le terrain, de jardiner, de participer à des chantiers dans le village, d'aider le maraîcher du coin.

Imaginez qu'en cet endroit, il y ait en permanence l'un ou l'autre pour vous proposer de jouer, de faire un tour en forêt ou d'aller faire du sport.

Et qu'il y ait toujours aussi, quelqu'un pour accueillir de nouveaux arrivants. Je veux dire les accueillir vraiment !

Imaginez que toutes sortes d'activités culturelles vous y soient suggérées.

Imaginez que tout ceci se passe dans la bonne humeur ; que pour prévenir que le repas est prêt, la coutume soit de hurler au loup dans la cage d'escalier ; que l'information générale circule par des annonces criées à la volée dans le réfectoire, que celles et ceux que vous côtoyiez soient le plus souvent promptes à sourire ou à s'amuser.

Imaginez encore, que personne ne vous demande jamais de vous porter volontaire à quelque tâche que ce soit. Imaginez aussi qu'on ne vous demande pas de vous justifier, lorsque vous choisissez de ne pas participer aux activités communes.

Imaginez qu'en ce lieu de vie communautaire, vous ne soyez pas freiné dans vos projets personnels.

Imaginez qu'un magasin où tout est gratuit y soit à votre disposition ; que vous puissiez tout aussi bien vous y servir qu'y déposer des choses dont vous n'avez plus envie.

Imaginez qu'ici, quand vous avez une petite faim, il vous suffit d'aller piocher dans les réserves.

Imaginez pouvoir profiter, d'un espace pour travailler, d'endroits à l'écart pour vous tenir au calme, d'une bibliothèque, de plusieurs pièces de repos, d'un studio d'enregistrement, d'une salle pour pratiquer le sport, d'une cafétéria, d'un bar, d'un lieu pour cuisiner de façon plus privative.

Imaginez que vous soyez informé du coût que représente votre présence chaque jour. Imaginez que ce coût soit d'environ 15€ pour disposer d'un toit, de chauffage quand vous en avez besoin, de sanitaires, de toute la nourriture qu'il vous faut mais aussi de tout ce que j'ai cité précédemment.

Imaginez que ce soit vous qui décidiez ou non de payer cette somme à la communauté.

Ou plus …, ou moins …, ou rien …

Imaginez encore que tout ceci fonctionne avec peu de heurts, peu de conflits, peu de fâcheries.

Imaginez que vous puissiez faire un simple passage dans cet endroit ou décider de vous y installer plus longuement.

Des lieux de ce type existent aujourd'hui.

A la Casba par exemple. Je viens d'y passer quelques jours.

Pourquoi la Casba ? Pour le jeu de mot bien sûr.

Dans cette ancienne **CAS**erne située à Joigny, on essaie de **BA**sculer vers un nouveau modèle social, plus en adéquation avec les enjeux de notre temps.

Si cela éveille votre curiosité, allez passer un moment là-bas et faites-vous une idée. Plus de mille personnes ont tenté cette aventure l'année dernière.

Vous pouvez contacter les « géographes »[31] et leurs congénères par mail par exemple, à l'adresse suivante :

---

[31] La caserne de Joigny abritait autrefois le 28ème groupe géographique de l'armée de Terre française.

lacasernebascule@gmail.com

Vous pouvez aussi aller papoter avec eux sur discord ; à l'heure où j'écris ces mots, ils sont 17 en ligne.

Quelle que soit la façon dont vous vous y prenez, ils sont faciles à trouver.

Annie[32], le 30 mars 2023

Je partage ce constat !

Je me suis sentie libre, sereine et enjouée dans ce lieu. Un espace de liberté, d'exploration !

Je me suis sentie une enfant émerveillée avec toutes ces possibilités, ces jeux et découvertes qu'offre le lieu et les habitants !

Je me suis également sentie adulte ; l'organisation m'a amenée à choisir les activités et à répondre à mes besoins tout en prenant en compte le collectif.

Je me suis sentie femme dans sa liberté d'être, en partageant des moments précieux avec des hommes conscients, bienveillants, et des femmes magiques, des

---

[32] Annie a participé au séjour à Joigny

êtres inspirants qui participent à une autre réalité... des moments de partage dans des lieux multiples : dans la forêt, à la cafet, dans un espace détente, dans une cabane sacrée...

Je me suis sentie singulière et unique dans un collectif qui favorise la place de chacun avec une volonté de coopération et de responsabilité et souveraineté de chacun qui favorise le pouvoir d'agir et la puissance d'être !

MERCI.

Fanny[33], le 30 mars 2023
Merci à tous les 2 pour vos retours précieux. C'est tellement puissant de sentir à travers vos mots à quel point ce qu'on fait, a du sens. Votre regard neuf m'émeut profondément et, de par vos mots, vous êtes maintenant les meilleur.e.s ambassadeurices des projets autogérés du Nouveau Monde !!

Merci à vous d'entrer dans cette danse galvanisante, joyeuse, étourdissante, sensée.

---

[33] Fanny est "géographe" et assurément plein d'autres chose encore

Bises à toustes, et au plaisir de vous recroiser ici ou là du Nouveau Monde ♥

Le retour de la chauve-souris

Marc, le 9 avril 2023

Vous souvenez-vous de la soirée que nous racontait Philippe en ouverture du petit ouvrage que vous êtes en train de lire ? Cela parlait d'une chauve-souris qui volait dans le dortoir collectif du Langenberg.

Cette histoire m'avait inspiré une série de questions sur ce qui motivait Philippe et Laure, concernant leur projet de rejoindre un jour un écolieu.

Philippe, le 9 avril 2023

1. Qu'est-ce qui aujourd'hui, vous donne envie, toi et ton amoureuse, de rejoindre un écolieu ?
   - Une évidence sociale ?
   - Une évidence écologique ?
   - Le sentiment que cela vous apportera plus de sécurité pour les jours difficiles qui s'annoncent ?

Je ne vais parler que pour moi, évidemment.

Les écolieux, certains d'entre eux tout au moins, me semblent être les seuls espaces, ou en tout cas ceux qui me semblent les plus faciles d'accès, où se vit déjà un semblant du monde que j'aimerais voir se propager.

Peut-être se généraliser ? je ne sais pas, on n'en est pas là, loin s'en faut !

Plus précisément, qu'est ce qui m'attire dans ces lieux ?

Une posture écologique

Traitement de l'eau, des énergies, du bâtiment, respectueux[34] des limites planétaires.

Une posture idéologique

Un respect plus important du vivant non humain : pas ou peu de consommation de viande, respect de l'environnement et des limites planétaires dans toute décision, à tout moment[35].

Des postures économiques

Recyclage de tout, priorisation absolue du réemploi avant l'achat neuf, tentative de s'affranchir des

---

[34] Ou au moins, tendant vers !
[35] Avant de réaliser des travaux, de bétonner par exemple un bout de jardin ou d'arracher une haie, avant d'adopter des animaux domestiques, de démarrer un élevage de poules ou de lapins, … etc.

monnaies nationales et installant du troc, des monnaies locales complémentaires, des JEU ou SEL, ... Renoncer au « toujours plus », à l'accumulation de biens et à la compétition. Privilégier la coopération et la qualité de vie.

Une posture personnelle

Reconnaître que mes émotions m'appartiennent, les assumer et aussi leurs conséquences, reconnaître que les autres ne sont pas responsables de ma colère, ma tristesse, mes peurs, ma honte, ... ma joie même !

Une gouvernance partagée

Se réunir en cercle, nommer un facilitateur qui tient la forme, accepter les avis - et les tensions ! - de toutes et tous, les intégrer, les prendre comme des bonifications lorsqu'une décision est à prendre, pratiquer l'élection sans candidat pour les référents et la prise de décision par objection plutôt que par le vote, me semblent de bonnes pratiques, à la fois démocratiques, qui permettent la participation de chacun.e et évitent en grande partie les rapports de domination.

Et en même temps il me semble important de reconnaître aussi, avec un savant dosage et respect, les rôles particuliers des fondateurs, des anciens, des leaders naturels.

Le traitement des conflits

Reconnaître que les conflits font aussi partie du fonctionnement normal et sain des groupes humains et que la clé est dans leur prévention et dans la mise en place d'outils et de process pour les traiter, lorsqu'ils émergent.

Une posture d'exemplarité, de rayonnement et d'humilité

S'intéresser au monde alentour, s'y ouvrir, inviter les gens à entrer dans l'écolieu, à participer à ce qui s'y fait[36] dans l'espoir de voir se diffuser des pratiques vertueuses.

Accepter d'être dans l'expérimentation permanente, accepter d'apprendre en permanence et aussi de faire des erreurs, puis de recommencer.

---

[36] Chantiers, formations, événements, fêtes, séminaires, …

Et puis surtout une énergie de joie, de partage de valeurs, d'amour.

Ces changements radicaux de comportements et de postures, très profonds pour certains, ne peuvent, pour moi, pas se vivre dans l'abnégation, la tristesse, le renoncement, le sacrifice.

Elles ne seront saines que si elles sont réellement et librement choisies et vécues de manière joyeuse, assumée, drôle. Et que le groupe a à cœur de développer des relations affectueuses entre toutes et tous.

- Le désir de participer à l'avènement d'un modèle sociétal plus juste, plus cohérent, voir même indispensable ?
- Quelque chose qui relèverait d'une forme de devoir quant à vos congénères ?

Oui, je partage cela aussi.

Nous humains avons une telle capacité d'amour envers notre progéniture que la plupart des parents « normalement constitués » seraient prêts à sacrifier un de leurs organes pour un de leurs enfants, un rein, un œil, la vie sans doute même...

Pourtant, là, collectivement, nous n'arrivons pas à prendre la mesure des catastrophes qui s'annoncent et à réagir en conséquence, en acceptant des modifications de comportements bien moindres que de perdre un organe…

Et pourtant, ce faisant, nous hypothéquons l'avenir de nos descendants, sur plusieurs générations.

- Le sentiment latent, qu'un jour ou l'autre, chacun d'entre nous y sera contraint ?

Oui, je suis maintenant profondément convaincu que les changements physiques de notre environnement sont inéluctables : les ressources terrestres sont en train de se tarir, la modification du climat est brutale, l'effondrement de la biodiversité, de la faune et de la flore est acté, les écosystèmes sont gravement perturbés.

Nous devrons tout aussi inéluctablement modifier nos manières de vivre : choisi ou subi.

- D'autres facteurs que je n'aurais pas cités ?

2. Comparativement aux autres individus, diriez-vous en général des habitants et des sympathisants des écolieux,
- Qu'ils perçoivent plus finement
  - La globalité des choses ?

Oui, ou en tout cas avant les « autres ».

Je crois que ce sont les informations que nous percevons du monde extérieur qui nous façonnent. Et ce sont ces mêmes infos, répétées, qui finissent par modifier notre psyché, nos pensées, puis, finalement, nos comportements.

Si je ramène cela à moi, pour une raison ou une autre[37] les informations qui sont aujourd'hui mainstream[38] me sont parvenues avant, qu'à d'autres personnes de mon entourage[39]. Ce qui a provoqué chez moi une autre manière de voir le monde, puis un changement progressif de mes comportements.

---

[37] Plus curieux, plus connecté à certaines personnes et milieux, plus « aventurier » que la moyenne, plus de temps de cerveau disponible…
[38] Écologie, 6ième extinction de masse, biodiversité, pollution, risque d'effondrement…
[39] Je dirai avec un décalage de l'ordre de 5 ans environ.

C'est aussi parce que j'ai cette croyance, contrairement à pas mal d'autres copains, copines qui partagent mes points de vue, qu'il existe encore quelque espoir de s'en sortir sans « trop de dégâts ».

Car je vois que les infos susceptibles de nous faire basculer dans un nouveau monde, auparavant confidentielles, progressent de manière importante en quelques années seulement. Je m'attends donc à ce que les comportements suivent et que des changements radicaux arrivent dans nos sociétés.

Cela pourrait par exemple arriver par des renversements des régimes soi-disant démocratiques, même si ce champ n'est aujourd'hui pas encore aussi mûr que celui de l'écologie et du changement climatique.

Et là, si de véritables démocraties arrivaient à s'installer dans les sociétés occidentales, les leviers d'action auraient une tout autre portée que l'émergence de quelques milliers d'écolieux.

- L'unicité du tout ?
- La destruction en cours de la vie sur terre ?
- La destruction en cours de la planète qui nous abrite ?

- Que leur conscience individuelle et leur maturité sont plus avancées ?

3. Peut-on dire des habitants d'un écolieu, qu'ils partagent en principe tous ensemble, l'essentiel de leurs valeurs et de leurs convictions profondes ?

Oui, ils ont indéniablement un socle de valeurs communes, c'est tout le travail qui est fait en amont de la construction de l'écolieu qui met cela en évidence.

Ce qui ne les empêche pas d'être souvent en désaccord, comme tout autre groupe humain !

4. Pour être en harmonie avec sa raison d'être, un écolieu a-t-il nécessairement besoin d'une organisation sociale particulière ; sociocratie, cercles, rôles, rituels, facilitateurs par exemple ?

Je crois effectivement, qu'au-delà d'un certain nombre de personnes[40], un groupe humain a besoin de règles pour s'organiser et décider ensemble. Et si ces règles ne sont pas explicites, elles sont de toute façon implicites.

Et entre les deux, il me semble largement plus sain qu'elles soient visibles !

---

[40] 5, 10… ?

5. Un bagage ou un niveau culturel minimal est-il nécessaire pour devenir habitant d'un écolieu ?

Je crois effectivement que pour le moment, hélas, on en est encore là : celles et ceux qui franchissent le pas sont celles qui peuvent le faire : ces personnes ont eu l'info, ont la capacité et le bagage culturel pour l'intégrer, et les facilités financières pour « se le permettre » !

Avec quelques milliers de personnes seulement concernées en France, nous n'en sommes, évidemment qu'aux « early adopter » pour le moment...

Et aussi, n'oublions pas que ces collectifs sont encore fragiles, le montage de ces projets est complexe et encore peu soutenu[41]. Il ne me paraît pas souhaitable de les ouvrir trop tôt, trop vite ou trop grand à des publics fragiles ou non pleinement convaincus et avertis de ce qui les attend...

Même si à moyen terme, c'est le souhait de la plupart des écolieux que j'ai croisés.

---

[41] Par les institutions, les banques, les élus, voire parfois combattu, par les « voisins » par exemple...

6. *Faut-il envisager l'instauration systématique d'appareils d'éducation à ces outils ?*

Là aussi, il me semble encore trop tôt pour parler « d'instauration systématique ». Pourtant les outils se développent vitesse grand V : cf. la coop oasis, le réseau national de l'habitat partagé, la dynamique autour des tiers lieux, les écoles des transitions[42].

7. *D'où provenait finalement ton coup de sang ?*
   - D'un simple sentiment de mise à l'écart ?
   - D'une déception par rapport à ce que cela révèle des valeurs des membres de ce groupe ?
   - As-tu eu l'impression, sur le moment, de subir une forme de domination de la part du groupe ou de certains des individus qui le composent ?

Je me suis dit que nous ne partagions manifestement pas certaines valeurs qui pour moi sont essentielles : l'ouverture, la transparence, y compris de ce qui nous gratte ou nous émeut.

Je me suis dit aussi que si ces quelques journées passées ensemble ne suffisaient pas à construire ce peu de confiance qui me permette d'assister à leurs échanges

---

[42] Fertîles, Campus de la Transition, Lumia, écoles Être, …

en réunion, que se passera-t-il lorsque je proposerai des événements sur place, des formations, des nouveautés, des constructions, des expérimentations, … voire des combats ou des oppositions à la loi…

> 8. *De quelle nature est cette petite alarme qui s'est allumée ?*

> 9. *Peut-on dire des groupes qui gravitent autour des écolieux, qu'ils sont en général assez peu tolérants avec les individus ou les organisations qui ne partagent pas leur corpus de valeurs ?*

Je ne sais pas répondre à cette question et je ne crois pas qu'il soit possible de généraliser.

Désirable et joyeux

Philippe, le 9 avril 2023
De retour des Rencontres Bascule du printemps

Vivre dès maintenant dans un futur désirable et joyeux.

Voilà donc la nouvelle raison d'être de l'Archipel de la Bascule !

L'Archipel de la Bascule est l'association « chapeau » des différentes îles de la Bascule, qui se compose de :

- 3 écolieux : Ilot Vivant à Rennes, Bascule Argoat en Bretagne centre et Casba à Joigny.
- Le collectif Bordeaux Bascule.
- Une école itinérante : Fertîle, qui forme à la posture de la coopération et à l'intelligence collective.
- Et les deux petits nouveaux, dont nous avons fêté l'arrivée ce week-end d'avril 2023 :
    - L'école de permaculture Milpa
    - Et l'écolieu où se sont passées ces retrouvailles, le Hameau des Ages en Corrèze.

Cela commence à faire une belle famille…

Si l'on rajoute les anciens de Pontivy et les alumni de Fertîles, plusieurs centaines de personnes se reconnaissent dans ce mouvement, en pleine expansion !

Et cette décision de vivre tout de suite dans un futur résolument beau, désirable, durable, respectueux du vivant et joyeux est bien ce qui incarne et peut être singularise le mieux ce mouvement !

Dans une civilisation en déclin, peut-être au bord du gouffre, avec les « promesses » catastrophistes de la fresque du climat par exemple - famines, épidémies, guerres - que les basculeurs.euses connaissent par cœur, incarner la joie est une vraie gageure !

Peut-être est-ce même vu comme une attitude puérile, une naïveté, voire une provocation… pour certain.e.s, notamment avant d'avoir côtoyé de près les basculeurs.euses !

Une fois que tu les as approché.es, que tu as vécu quelques jours parmi elleux, cette joie de vivre est incarnée avec tant de naturel, de détermination et d'évidence que personne ne vient plus les railler !

Décider de vivre dès maintenant dans un futur désirable et joyeux est peut-être la dernière solution pour le voir advenir, ce futur !

Et si toutefois ça ratait quand même, ce serait toujours ça de pris, en attendant !

Sept mois

Marc, le 3 avril 2023

Voilà maintenant sept mois que nous avons débuté l'écriture de ce nouveau tome du Grimoire des trois pépères.

Tout change rapidement ces derniers temps. Si vous en convenez, ce serait chouette de le publier maintenant. Et puis je trouve sympa de refermer cette séquence dans le désir et la joie.

Peut-être nous retrouverons-nous dans quelques années pour l'écriture d'un troisième volume.

Assurément, le Monde sera différent d'ici-là.

Bises.

A propos des auteurs :

Principaux contributeurs

- Marc Bajard : éleveur de pépères
- Philippe Kuhn : essayeur de futur

Elles et ils ont aussi écrit quelques mots dans cet ouvrage

- Laure Biniek
- Annie Schneiderlin
- Fanny Duchemin
- Tanguy Descamps
- Thierry Lorber